DISCLAIMER

The author and publisher are providing this book and its contents on an "as is" basis and make no representations or warranties of any kind with respect to this book or its contents. The author and publisher disclaim all such representations and warranties, including but not limited to warranties of merchantability. In addition, the author and publisher do not represent or warrant that the information accessible via this book is accurate, complete, or current.

Except as specifically stated in this book, neither the author nor publisher, nor any authors, contributors, or other representatives will be liable for damages arising out of or in connection with the use of this book. This is a comprehensive limitation of liability that applies to all damages of any kind, including (without limitation) compensatory; direct, indirect, or consequential damages; loss of data, income, or profit; loss of or damage to property; and claims of third parties.

This Book Comes With Free Bonus Puzzles

Available Here:

BestActivityBooks.com/WSBONUS20

5 TIPS TO START!

1) HOW TO SOLVE

The Puzzles are in a Classic Format:

- Words are hidden without breaks (no spaces, dashes, ...)
- Orientation: Forward & Backward, Up & Down or in Diagonal (can be in both directions)
- Words can overlap or cross each other

2) ACTIVE LEARNING

To encourage learning actively, a space is provided next to each word to write down the translation. The **DICTIONARY** allows you to verify and expand your knowledge. You can look up and write down each translation, find the words in the Puzzle then add them to your vocabulary!

3) TAG YOUR WORDS

Have you tried using a tag system? For example, you could mark the words which have been difficult to find with a cross, the ones you loved with a star, new words with a triangle, rare words with a diamond and so on...

4) ORGANIZE YOUR LEARNING

We also offer a convenient **NOTEBOOK** at the end of this edition. Whether on vacation, travelling or at home, you can easily organize your new knowledge without needing a second notebook!

5) FINISHED?

Go to the bonus section: **MONSTER CHALLENGE** to find a free game offered at the end of this edition!

Want more fun and learning activities? It's **Fast and Simple!**
An entire Game Book Collection just **one click away!**

Find your next challenge at:

BestActivityBooks.com/MyNextWordSearch

Ready, Set... Go!

Did you know there are around 7,000 different languages in the world? Words are precious.

We love languages and have been working hard to make the highest quality books for you. Our ingredients?

A selection of indispensable learning themes, three big slices of fun, then we add a spoonful of difficult words and a pinch of rare ones. We serve them up with care and a maximum of delight so you can solve the best word games and have fun learning!

Your feedback is essential. You can be an active participant in the success of this book by leaving us a review. Tell us what you liked most in this edition!

Here is a short link which will take you to your order page.

BestBooksActivity.com/Review50

Thanks for your help and enjoy the Game!

Linguas Classics Team

1 - Antiques

ڏ	ن	ڏ	ڪ	چ	ق	ٽ	م	ع	ي	ا	ر	ي	آ
و	ه	ز	گ	ب	ي	ر	ل	ي	گ	د	ڌ	ل	ر
ڇ	ر	ا	ڊ	ئ	م	ب	ف	ه	ر	ڌ	ص	و	ٿ
س	ب	د	ڪ	ر	ت	چ	ٻ	ن	ي	ل	ا	م	ق
ي	ڪ	ن	ڃ	و	م	ج	س	م	و	چ	ک	ع	ڌ
ش	ٿ	ا	ي	ي	ٽ	ا	ر	پ	ث	خ	ٽ	م	ڊ
ڦ	چ	ٻ	و	ز	ب	ح	ا	ل	ي	و	گ	ر	م
ڦ	س	ي	ڙ	پ	ڪ	ا	ر	ي	ش	ب	ق	ي	س
ط	م	ُ	ڦ	چ	ر	پ	چ	چ	ئ	ص	ئ	غ	ت
ظ	ذ	ڪ	ڙ	ب	ر	ڙ	ي	ع	ا	و	ج	ٿ	ن
ش	ه	ڌ	س	آ	ل	ڄ	ن	س	ر	ر	ي	ڊ	د
ٻ	ج	ڃ	ن	ع	ذ	ٿ	ر	ذ	آ	ت	ئ	ڦ	ٻ
پ	و	ض	ب	چ	ڳ	ه	ف	ڙ	ص	ظ	ڙ	ر	ک
ي	ڊ	ف	گ	ش	ن	ت	س	ڪ	و	ذ	آ	ڌ	ڄ

آرٽ
نيلام
مستند
صدي
سڪا
ڏهاڪو
آرائشي
خوبصورت
فرنيچر
گيلري

سيڙپڪاري
زيور
پراڻي
قيمت
معيار
بحالي
مجسمو
انداز
غير معمولي

2 - Food #1

م	ژ	ش	س	ض	ڊ	ظ	پ	ش	ڦ	ف	ي	ڪ	ڻ
ٿ	ک	ڄ	ڄ	س	ڄ	ڇ	ڦ	ص	ر	ڄ	ڻ	ح	پ
ن	ر	پ	ه	پ	س	و	ج	ٿ	ح	ج	ش	ي	ر
آ	ل	پ	ف	ي	و	د	ا	ر	چ	ى	ن	ى	ج
ع	ا	ف	ڃ	ا	پ	ن	ص	ذ	ص	ڪ	چ	ٿ	ڳ
ڀ	ٿ	ڇ	ئ	ل	ب	ڦ	د	ه	ڪ	ب	ڏ	ض	ٿ
م	و	ن	گ	و	ي	ر	ي	ب	ا	ر	ٿ	س	ا
ب	ت	ڇ	د	ڦ	س	پ	ي	ئ	ر	ح	و	ط	و
ٿ	و	ن	ا	ئ	ل	ض	ذ	ژ	ج	ز	ڻ	ط	ض
ل	م	ي	ل	ر	ا	ب	ص	ر	ٿ	خ	ش	ڄ	ش
ا	ص	پ	س	ن	ڻ	ڦ	ن	ذ	ي	گ	ظ	ل	گ
س	ڦ	س	ٿ	و	م	ڇ	ڪ	ڌ	ڄ	ظ	م	ڻ	ر
م	ق	ا	ُ	غ	غ	ل	ي	م	و	ن	ظ	ب	ڊ
ئ	ي	ر	گ	ا	ج	ر	ڪ	م	ل	ه	ه	ک	ه

بارلي
بيسل
ڪيڪ
گاجر
دار چينی
ٿوم
جوس
ليمون
ملهه
پيالو

مونگ
پيئر
سلاد
سالٽ
سوپ
اسپينچ
اسٽرابيري
شگر
ٽونا
ٽرپ

3 - Measurements

ڪ	ل	و	گ	ر	ا	م	ف	ي	ب	ي	ق	ب	چ
ب	ث	م	ڪ	ڪ	ر	ض	ي	ٹ	ط	ق	ع	ق	ا
ه	ث	پ	ي	ب	پ	ح	گ	ف	ڌ	ص	ح	و	ن
ڎ	ش	ژ	ر	س	ث	ي	غ	ق	ز	چ	ک	ا	ف
غ	ا	ث	گ	چ	ي	ق	ج	ه	ط	ر	ب	و	د
ح	ب	ي	ب	چ	ا	ب	م	چ	ع	ي	ڪ	ن	ک
خ	ظ	گ	غ	ع	ص	ظ	ي	ُ	ب	ث	ل	چ	ب
م	ن	ث	پ	ڌ	چ	ش	ث	ڎ	ر	ح	و	ا	س
ض	ز	ع	ب	ه	ث	ج	ر	ظ	ج	ج	م	ئ	ي
ح	و	غ	ڳ	ط	ن	ج	ق	ث	ث	م	ي	ي	ن
س	ڌ	گ	ث	و	ن	ا	ش	ڪ	ي	ج	ث	ژ	ث
ر	د	ه	ر	ي	ض	و	ظ	ت	م	ل	ر	ٹ	ي
ع	ت	نُ	چ	ا	چ	ن	ا	س	ژ	ڪ	ڌ	ژ	ث
ي	ُ		ن	ي	م	س	ا	م	ا	ض	ي	ح	ر

سينٽيٽر
ڊيسيمل
ڊگري
ڊيپٿ
گرام
اونچائي
انچ
ڪلوگرام
ڪلو ميٽر

ليٽر
ماس
ميٽر
منٽ
اونس
ٽون
حجم
وزن

4 - Farm #2

ُ	ڌ	ڦ	ٿ	آ	ڳ	ذ	ڏ	ٿ	ڦ	غ	ل	ڍ	د
ٽ	ا	ڏ	ن	س	ڦ	پ	ق	چ	ر	ٻ	گ	ڦ	ڄ
ه	ق	ڪ	ا	ر	ن	ا	ڍ	ئ	ڍ	ڪ	ڻ	ڪ	ڍ
ه	ڏ	ڙ	ه	ڪ	ٿ	ڃ	ڻ	ٿ	و	ي	ُ	ڦ	ل
ل	ي	غ	ن	ح	ٿ	ي	ض	ڳ	ن	ش	ل	ٿ	ئ
م	ٻ	ُ	ڪ	ڌ	ذ	ٻ	ڦ	ر	ڦ	ا	ر	م	ر
ڄ	ي	ڙ	ع	ڇ	ل	ا	س	ٻ	ط	پ	ڦ	ڏ	ا
ج	ڃ	ٻ	ڳ	ذ	ا	ر	ڏ	ا	ٿ	ٻ	س	ڃ	ڳ
ٻ	ذ	ڪ	و	ز	م	ل	ٻ	ر	ٻ	آ	ا	و	ڄ
ڇ	ڦ	س	ٻ	و	ا	ي	پ	ن	ڪ	ا	ڌ	و	ر
ج	ا	ن	و	ر	ي	ح	ٻ	پ	ڌ	ئ	ڏ	ڄ	ل
ٿ	ر	ي	ڪ	ٿ	ر	م	ڦ	ا	ٻ	ن	ڳ	ڃ	ڪ
ا	س	ن	ڌ	ذ	ڪ	ٿ	ٿ	ظ	غ	ع	ڇ	ڇ	ز
ق	ڍ	ٻ	آ	ن	ڪ	ق	ڄ	ٻ	ذ	ڙ	ش	ڦ	ط

جانور
بارلي
بارن
ڪارن
ٻُڪ
فارمر
ڪاڏو
ميوو
آبپاشي

لاما
ميڊو
ملهه
باغ
ريون
ٽريڪٽر
ڀاڄي
ڪٽڪ

5 - Books

ظ	گ	ک	ٿ	ت	ص	ج	ل	ش	گ	چ	ص	ا	ع
پ	ٿ	غ	ڙ	ر	ٿ	چ	ذ	ا	ڏ	غ	ف	د	ي
ڙ	ل	ک	ي	ل	ز	ط	ڏ	د	ڳ	ٻ	ح	ب	ح
ه	ي	د	چ	پ	گ	ھ	ج	س	ز	ا	و	ي	ئ
ن	ڏ	آ	و	ض	ا	م	ه	م	ڌ	ق	پ	ٻ	ج
د	ب	گ	ن	ئ	ٿ	ر	ي	ج	ڪ	ڏ	آ	ي	ز
ڙ	د	ج	س	ا	ي	ڌ	ح	ط	ک	د	ذ	ٽ	ل
ٿ	م	م	ي	ڳ	و	خ	ا	ج	ي	ر	ع	ا	ش
ڇ	چ	ع	ر	پ	ش	ل	ز	ٻ	ل	ن	ب	ه	ڇ
د	ظ	ڍ	ي	ط	ق	ٽ	م	ن	ظ	م	س	ڪ	ذ
ڊ	ط	م	ز	ذ	ا	ي	ڊ	و	ي	ن	چ	ر	ٿ
ب	و	ذ	ق	م	ظ	ت	ا	ر	ي	خ	ي	ئ	ٿ
ا	ي	ج	ا	د	ڪ	ن	د	ڙ	ل	ع	ڳ	ز	ش
ط	ذ	خ	ٿ	س	ٿ	س	ض	ج	ٿ	د	ق	گ	آ

ايڊوينچر
ليکڪ
جمع
دوئي
تاريخي
مزاحيه
ايجاد ڪندڙ
ادبي
ناول

صفحو
نظم
شاعري
پڙهندڙ
لاڳاپيل
سيريز
ڪهاڻي
ٽريجڪ
لڪيل

6 - Meditation

ق	ز	ص	ئ	م	س	ث	ي	ث	ط	ص	پ	خ	ه
ٿ	ت	ح	ر	ي	ک	چ	ش	ف	ق	ت	پ	ه	ک
ٻ	ڇ	ت	ا	ڃ	ن	و	چ	و	س	ر	ط	ا	ذ
ن	ڃ	ڳ	د	ي	ڇ	ه	ي	ح	ڳ	ط	ص	ڦ	ٿ
ط	ن	ه	ي	ئ	ظ	ع	ذ	خ	ڌ	ف	ڌ	ٻ	ڏ
ش	و	ڇ	ب	ذ	پ	گ	ز	ق	ا	ق	ذ	س	س
خ	ک	م	ه	ر	ب	ا	ن	ي	ڌ	م	ن	د	د
ي	س	ر	ن	ب	س	ئ	ق	د	ه	ٺ	و	ا	ي
گ	ز	ُ	گ	ن	ظ	ر	ي	و	ٽ	ر	ت	ش	ق
آ	ط	ک	ئ	ذ	و	ل	ڦ	ق	ه	ئ	د	ذ	ي
ڇ	م	ڏ	ڇ	ُ	ا	آ	ش	ز	ه	ڏ	ا	ل	س
د	م	ا	غ	ڌ	م	ر	ذ	ج	ڦ	ا	ع	ج	و
ج	ذ	ب	ا	ت	ڇ	س	ُ	ق	ج	م	ق	ڇ	م
و	ض	ا	ح	ت	ی	ل	و	ب	ق	ن	ف	ش	گ

قبوليت
بيدار
سڪون
وضاحت
شفقت
جذبات
شڪرگذار
عادتون
مهرباني

ذهني
دماغ
تحريڪ
موسيقي
فطرت
امن
نظريو
خاموشي
سوچون

7 - Days and Months

ن	و	م	ب	ر	ب	و	ٿ	ڪ	آ	ٺ	ا	ڦ	ف
ه	ف	ت	و	ج	ش	ر	ع	ڪ	ک	ص	ر	غ	ٽ
ڇ	و	ز	آ	ز	ڃ	ٻ	د	ج	ٻ	ض	ب	ڇ	ٻ
ا	ش	ڃ	ڇ	ر	ا	م	ڃ	م	پ	د	ع	س	غ
ڌ	ڱ	ڍ	ر	خ	ڏ	ٻ	ء	ع	م	ه	ي	ن	و
س	ع	ا	ي	ه	ف	ُ	ا	ن	ل	ق	ڳ	ل	ت
غ	و	ه	ر	ٻ	ن	ي	ل	ئ	ڪ	خ	م	ي	س
ق	ل	م	و	و	ڇ	ر	و	ڃ	س	ٻ	ژ	ر	ا
ئ	ز	ي	ر	و	ن	ج	ج	ٺ	ي	ز	ڏ	پ	ل
ڇ	ٿ	ٽ	ب	ي	ڇ	خ	ض	ص	پ	ه	ع	ا	د
آ	ئ	آ	ي	ژ	ر	ٻ	ٽ	ک	ٿ	ٿ	ڇ	ه	ي
ڇ	گ	ل	ف	ڃ	ش	ٽ	ڪ	س	م	ڪ	ع	ٻ	ص
ٻ	ش	س	ٻ	ط	ژ	ڇ	ي	ا	ب	ڦ	ٽ	ع	ک
ُ	ظ	ي	ٿ	د	ڦ	ٿ	ب	ل	ر	ٿ	ه	ى	ڦ

اپريل
آگسٽ
ڪئلينڊر
فيبروري
جمع
جنوري
جولاءِ
مارچ
سومر
مهينو
نومبر
آڪٽوبر
ڇنڇر
سيپٽمبر
آچر
خميس
اڱارو
اربع
هفتو
سال

8 - Energy

ت	ز	ڊ	ل	ڦ	ا	ي	غ	ڇ	ح	ا	ڄ	ا	ه
ڪ	ا	ر	ب	ن	و	ل	پ	پ	خ	ن	ث	ي	ا
س	ب	ص	گ	آ	ٿ	ٿ	ي	ف	ث	ج	ج	ن	ئ
گ	ي	س	و	ل	ي	ن	و	ڪ	م	ٽ	ت	ٿ	ي
پ	م	ي	س	ي	ڳ	غ	ُ	ن	ٿ	ڦ	ظ	ر	ڊ
آ	ٿ	آ	ظ	ت	ع	ن	ص	ظ	ف	ر	ڦ	ا	ر
ٿ	ئ	ڊ	ق	م	ا	ح	و	ل	م	پ	ڪ	پ	و
ف	ا	ڦ	ي	ت	و	ن	ڊ	ض	ز	ا	ث	ي	ج
ض	ل	ن	ٽ	خ	پ	م	و	ٿ	ر	ي	ڊ	گ	ن
ڃ	ڊ	س	ب	ٺ	ل	ڏ	ذ	ر	ٻ	ب	ڊ	د	ڪ
ا	ل	ي	ڪ	ٿ	ر	و	ن	و	ٽ	ژ	ظ	و	ڇ
ئ	ض	ق	ا	ب	ل	ت	ج	د	ي	د	ڊ	ل	ث
گ	ر	م	ي	ڄ	ر	ق	ف	ق	چ	ا	ن	آ	ڏ
ب	ر	ت	ر	ب	ا	ئ	ن	ڏ	ب	ی	ٿ	ر	ی

بيٽري
ڪاربن
ڊيزل
اليڪٽرڪ
اليڪٽرون
انجڻ
اينٽراپي
ماحول
تيل
گيسولين

گرمي
هائيڊروجن
صنعت
موٽر
ائٽمي
ڦوٽون
آلودگي
قابل تجديد
ٽربائن
ونڊ

9 - Chess

پ ظ ظ ٿ و ر ن ا م ي ن ٿ ض ر
ظ ڦ ب ر ر م ا ق س ر پ ع ا ا
ڏ ن ا ذ ا ظ ا ڳ ڦ ر ٻ ڇ ب ٽ
ي ن پ پ ک ب ت ڎ ص ڌ ُ غ ط ي
د ڊ پ ا ل ر گ ي د ن ا ر ا ل
ب ِ ڇ و ط پ چ ن ڙ س گ ز م م
ا ي ي ڇ ٿ پ ع ا ڍ ي ط خ ئ ع
د گ م ا ک ن ڙ ب ب ٿ ا ذ ث ت
ش و پ خ ن ٿ ت ر پ ل آ گ ک م
ا ن ي ٻ ع ذ آ ق ف ن ج ر ڍ ک
ه ل ن م م ٿ م ص م ي ئ ا ث ح
ه ض ر خ ط چ ڍ ٿ ض ق ز چ ڙ غ
گ ڙ ڙ ظ گ ٻ م ع ظ ٻ ذ د س چ
ٽ ش ڄ ذ ي ت ڦ گ م ڍ ٻ ش ٿ ف

کارو
چيمپين
مقابلو
ڊِيگونل
راند
بادشاهه
مخالف
رانديگر

راڻي
ضابطا
قرباني
حڪمت عملي
ٽائيم
ٽورنامينٽ
اڇو

10 - Archeology

د	ٿ	پ	ڪ	ڦ	ر	ئ	ل	ر	ڄ	ڇ	ڃ	ا	گ
ھ	چ	م	س	ڙ	ل	ھ	ض	خ	ن	ڌ	ض	پ	ئ
ڦ	ف	ف	ڌ	ٿ	ٻ	ت	ھ	ق	س	ض	ڌ	ي	ت
ڄ	ڙ	و	ٿ	گ	ظ	ن	ڌ	ڄ	ڌ	ط	ح	ا	ف
آ	ڻ	ڍ	ٿ	ظ	خ	د	ز	ز	پ	م	ڦ	س	ش
ا	ل	خ	ر	ڻ	ب	م	ا	ڏ	ه	ح	ڪ	چ	ڇ
ل	م	و	ي	ز	ج	ت	ي	ر	ف	ق	د	ذ	ي
و	ھ	ا	ل	ق	ک	ج	ر	ٽ	ت	ق	چ	ڌ	ڄ
ھ	س	ط	س	ع	ص	ض	ا	ر	ت	ع	ا	خ	ج
ڙ	ط	ا	ن	پ	ٿ	ڦ	خ	ه	ا	ٿ	و	ٿ	ڙ
و	چ	ط	ر	د	ن	م	ڦ	ا	ڇ	ر	آ	ص	ڻ
چ	آ	پ	ب	ي	غ	ٿ	گ	م	ع	ظ	س	ڊ	م
خ	ص	ش	ق	ج	ل	ھ	س	ڦ	ف	گ	ٿ	ا	پ
ڙ	ن	و	ا	د	ر	ا	ت	ڪ	ڏ	ٻ	ٻ	ڃ	ر

تجزيو
نوادرات
هڏا
تمدن
نسلي
ايرا
اپياس
ماهر
وساريل
اسرار
اعتراض
محقق
ٽيم
مندر
قبر

11 - Food #2

ق	ق	پ	پ	س	ث	ب	گ	ي	ڳ	ذ	ک	ح	ح
پ	ق	م	ب	گ	آ	ک	ث	غ	ا	ح	و	م	ل
ذ	چ	ت	ز	ي	ر	ل	ي	س	ز	ف	ز	ٹ	ک
ح	ن	چ	ڎ	ر	ث	ن	ل	ج	م	ب	ي	گ	ن
ت	ص	و	م	ي	چ	ش	ک	ا	ي	ن	چ	ر	غ
ک	گ	ج	و	چ	و	ت	ا	س	ه	ج	د	د	ژ
ا	ک	ر	ر	غ	ک	ض	چ	پ	چ	ث	ي	ذ	ث
ر	ي	ي	ش	ش	ئ	ق	د	ا	ط	ي	س	ا	م
ڳ	ڎ	پ	م	ا	ن	ي	ز	ر	ي	آ	و	ب	ا
ڎ	آ	ل	ل	ه	ٹ	ئ	ک	ا	ُ	ک	ک	ت	ث
ک	ا	ن	گ	و	ر	ا	ض	گ	ل	ج	س	ث	و
ق	ٹ	ص	ب	ن	ا	ن	ا	س	ق	ُ	ط	ذ	ئ
ت	چ	ک	ک	ک	ژ	گ	ژ	ث	پ	ج	ُ	ه	ي
م	چ	ی	ب	ر	و	ک	و	ل	ی	د	ه	ی	ژ

ايپل
آرٹچوک
اسپاراگس
بنانا
ماني
بروکولي
سيلري
چيز
چيري
ککڑ
چاکليٹ
اي جي جي
بيگن
مچي
انگور
هيم
مشروم
ٹماٹو
کٹک
دہی

12 - Chemistry

ط	ض	ڊ	ب	پ	ش	ا	ل	ي	ڪ	ٿ	ر	و	ن
ُ	گ	ر	م	ي	ٿ	ع	م	ٿ	س	ُ	ڌ	م	ز
ت	ش	ٿ	ا	ذ	ن	ا	م	ي	ا	ت	ي	ا	و
ط	ُ	ر	ي	م	ٿ	ئ	ا	ڙ	ي	ح	ع	ئ	ٿ
ه	ز	ڪ	ٿ	ڌ	ڪ	ي	ٿ	ا	ل	س	ٿ	ع	ن
ا	ا	ه	م	ل	ق	س	ڪ	ڪ	و	ي	ل	ص	ج
ق	ي	ئ	ي	ش	ا	ٽ	ا	ل	ي	گ	ل	چ	ي
د	ح	ن	ي	ه	چ	س	ر	ع	ڪ	ج	ڳ	ٽ	س
ه	ش	ڙ	ز	ڊ	پ	ڦ	ب	ن	ي	ر	و	ل	ڪ
ب	ٿ	ز	ح	ا	ر	خ	ن	ص	ل	ٽ	ت	م	آ
ڪ	ن	ڪ	چ	چ	ئ	و	ٿ	ر	ا	ظ	ا	ذ	ئ
ا	ٿ	ُ	و	چ	ص	م	ج	ڙ	م	ئ	ڌ	ط	ي
ل	ٻ	غ	ي	س	پ	ل	ا	ن	ٿ	ق	ض	ع	و
گ	ر	م	ی	ي	د	ف	ٿ	ڍ	س	ز	چ	ز	ن

آئيون
مائع
ڌاتو
ماليڪيول
ائٽمي
نامياتي
آڪسيجن
سالٽ
گرمي پد
وزن

ايٽمي
ڪاربن
ڪيٽالسٽ
ڪلورين
اليڪٽرون
عنصر
اينزائم
گيس
گرمي
هائيڊروجن

13 - Music

ع	آ	ث	ب	ي	ص	ف	س	م	ه	ا	ع	ب	ه
س	و	ظ	ٹ	ث	ٹ	ث	ج	ا	ا	ز	گ	ٹ	ر
ز	ا	ض	چ	ظ	پ	و	ج	ئ	ر	ع	ش	ئ	ي
ُ	ز	ي	ق	ي	س	و	م	ک	م	ب	ل	ا	ث
ک	ل	ت	م	ث	ر	ب	ب	ر	و	ض	ُ	گ	م
م	ه	ا	ر	م	و	ن	ي	و	ن	ق	ب	ُ	ک
ر	و	ن	ت	ض	ک	گ	ا	ف	ک	ث	گ	ث	ش
ب	ک	س	گ	ش	ر	ه	ل	و	م	ڎ	ک	ر	ل
ا	ر	ا	ي	ث	د	ش	ي	ن	ن	ي	ط	ر	ک
ل	ب	ر	ر	ق	ث	چ	ک	م	ي	ل	و	ب	ي
ا	ڨ	ي	گ	ب	ا	گ	ث	ع	ص	ب	ت	پ	س
د	چ	پ	ن	ن	ن	ر	ر	ب	ڨ	ق	ف	ح	ا
خ	ئ	و	س	پ	ب	گ	ک	پ	د	ز	ل	ث	ل
ث	پ	ا	ش	ا	ع	ر	ا	ن	ه	آ	ف	گ	ک

البم
بالاد
کورس
کلاسیکل
الیکٹرک
ھارمونک
ھارموني
شعر
میلودي
مائکروفون

موسیقي
موسیقار
اوپیرا
شاعرانه
رکارڈنگ
تال
ریٹمک
گائٹ
سنگر
آواز

14 - Family

و	ش	ء	ڏ	ا	ڏ	و	ُ	ڀ	ڀ	ز	ڀ	ڙ	ٿ
ڇ	ا	چ	ي	م	ا	د	ر	ي	ا	ص	ا	ش	ڏ
ا	ض	پ	ڏ	ڌ	پ	و	ت	ا	ئ	ل	ُ	ل	ر
چ	ڇ	ڳ	ا	ن	ق	ت	ض	ھ	ٿ	و	س	ڙ	م
ن	ڦ	آ	ڏ	ئ	ت	ٿ	ڪ	ڻ	ي	ڀ	ب	گ	د
ک	ڇ	پ	ڦ	ڄ	ق	ٿ	ڄ	ڌ	و	ح	ر	ٻ	ئ
خ	ح	و	ر	ٿ	ک	م	ر	ش	ص	ئ	ھ	م	ڇ
ڇ	ت	ٿ	ڄ	ڄ	م	ا	ُ	ل	ڪ	ھ	و	ز	ڪ
ٻ	ت	و	م	ک	ظ	ء	ف	ٻ	ڳ	ڳ	ڏ	آ	ڄ
ا	ڍ	آ	ق	ض	م	ٿ	ئ	ڀ	ط	ڪ	ف	ڻ	ح
ر	ا	ٻ	ڀ	خ	ذ	ئ	ح	ٿ	ا	ُ	ک	ک	ن
ا	د	ظ	ش	ڏ	ف	ڦ	ز	ڌ	ٻ	ء	ز	ص	ع
ڻ	ن	ي	س	ڦ	ت	ڳ	ص	ف	ز	ي	ب	ن	ڙ
و	ڦ	ڀ	ٿ	ل	ھ	و	ڙ	ج	م	ڀ	ڀ	ى	ء

چاچي
ڀاء
ٻار
ٻاراڻو
سوٽ
ڌيء
ڀيء
پوٽا
ڏاڏو
ڏاڏي

پوٽو
مڙس
مادري
ماء
ڀائٽيو
نيس
ڀيءُ
ڀيڻ
چاچو
زال

15 - Farm #1

ش	ف	ئ	ڦ	ش	ٿ	ک	پ	غ	ھ	ٽ	ز	ل	ه
ُ	ڳ	ڙ	ق	ج	ٻ	ا	د	ي	ک	ا	م	ا	و
س	ز	ھ	ٿ	ا	ٽ	چ	ڳ	ٽ	ڳ	ع	ء	ک	ص
ل	ح	د	ف	ئ	ڌ	ل	و	ا	ش	ِ	ذ	ڍ	ط
ٿ	چ	ٿ	ف	ک	س	ک	ش	پ	و	ڙ	و	ھ	گ
ئ	ن	غ	ڙ	ئ	آ	م	ن	ي	م	ز	ک	ج	ٿ
ض	ڎ	آ	ب	ھ	ٿ	و	پ	ک	پ	ي	ڙ	ب	ڦ
ج	آ	ج	ي	ت	د	ه	ک	ن	و	ئ	ڳ	ف	ٻ
و	غ	ھ	ا	ع	ه	ز	پ	ٿ	پ	ا	ئ	ئ	ک
ظ	ق	ن	ي	ا	د	غ	گ	م	ٽ	د	ٽ	ٻ	ا
ڦ	ح	ٻ	ب	ر	ي	ُ	ز	ض	و	گ	ک	ک	ڙ
ٿ	س	و	ي	ز	ن	ٻ	پ	ک	م	پ	ا	ا	پ
ھ	ڳ	ٽ	س	ي	و	ُ	آ	ٻ	ل	ي	ف	ن	ص
ز	ق	چ	ن	ٽ	ق	ل	د	ڦ	چ	ش	چ	و	چ

زراعت
بي اي
بيسن
ککڙ
ڳئون
ڪانو
گدائي
باهه
پاڻ
فيلڊ

جهنڊو
هاءِ
ماکي
گهوڙو
زمين
پڳ
ٻج
شاول
پاٽي

16 - Camping

غ	ط	ظ	چ	م	ڏ	ج	ئ	پ	گ	آ	ظ	ڌ	ع
گ	ض	ک	و	د	د	ا	ث	ا	ل	ڊ	ي	ڄ	ڊ
ک	ڊ	ث	ڻ	ق	غ	ن	م	ر	ڍ	م	ژ	و	ڄ
پ	ژ	ک	ن	ق	ز	و	ڪ	ي	ن	و	م	ي	خ
ڏ	چ	ط	ن	ث	ج	ر	ي	ع	ڍ	ن	س	ب	ت
ي	ض	چ	ا	ي	ڊ	و	ي	ن	چ	ر	ح	د	ژ
ڪ	ُ	د	ث	ئ	ن	و	ر	ع	ر	ژ	ش	م	خ
ڪ	پ	ح	ذ	ڦ	چ	ت	ر	ط	ف	ڪ	ه	ذ	ض
ف	ف	ڏ	ب	ڏ	چ	ش	ه	ق	ا	ٻ	ا	پ	ح
ي	ڄ	ز	ض	ظ	س	ڏ	م	ر	ف	م	م	گ	ڄ
ن	ڳ	ح	پ	چ	ذ	ر	ڪ	ر	ذ	ث	و	ظ	ث
ر	ط	م	چ	چ	ذ	ر	ط	ا	چ	آ	ڪ	ڄ	ي
ژ	و	ل	ي	پ	ڻ	ذ	ق	گ	ل	ب	ج	ر	چ
ب	ن	ب	ى	ڪ	ه	ه	ا	ب	ط	ي	ڳ	ذ	ج

شڪار ڪرڻ
ڍنڍ
چنڊ
جبل
فطرت
رسي
خيمو
وڻن

ايدوينچر
جانور
ڪيبن
ڪينو
باهه
پيلو
مذاق
هاموڪ

17 - Numbers

ٻ	ا	ش	ٿ	ي	ل	د	د	ک	ع	ڃ	ٻ	ک	ڏ
ي	ر	ع	ڳ	ڄ	س	ُ	خ	ڦ	پ	ل	ع	ن	ح
س	ڙ	ت	ڙ	ڀ	ٻ	ا	ر	ه	ن	ط	ڌ	ل	ق
ي	ه	ت	ر	ض	ح	ف	ه	ڇ	و	ڇ	ڪ	س	ڌ
م	ن	ي	ذ	ا	ص	ڏ	ڃ	ج	ڙ	ذ	ل	ڪ	ڀ
ل	ه	ر	ل	ڙ	م	چ	ا	ض	ل	آ	ڳ	ٽ	ڏ
ق	ر	ه	و	ر	ق	ا	ث	ا	ط	ص	ئ	ٽ	غ
س	ت	ن	ر	ت	ع	ر	ڙ	ه	ٻ	ش	ف	چ	ٿ
ڏ	س	ه	ب	ٿ	ا	و	ق	ڇ	پ	ج	ن	ئ	ظ
چ	ھ	ر	د	ٿ	ي	ن	ه	ر	د	ن	پ	ڪ	ز
ل	ط	و	ت	ه	ه	ه	ي	و	ه	پ	غ	ڌ	ا
چ	ھ	س	ه	آ	ن	ڪ	ه	ڏ	ڃ	خ	ر	ڙ	ڌ
ن	پ	ر	ھ	پ	ش	ظ	و	ٽ	چ	ڙ	ب	ڦ	ج
ٿ	ى	ه	ه	ڃ	خ	ڇ	ڙ	د	ڍ	ڃ	ا	ب	گ

ڊيسيمل
اٺ
ارڙهن
پندرهن
پنج
چار
چوڏهن
نو
اڻويهه
هڪ

ست
سترهن
ڇهه
سورهن
ڏهه
تيرهن
ٽي
ٻارهن
ويهه
ٻه

18 - Spices

س	و	ن	ف	د	ز	ق	ڳ	ث	ک	غ	ی	ک	ث
پ	چ	ي	ع	ا	ع	ث	ق	ص	ش	گ	ن	و	ل
س	ي	ن	ا	ت	ف	ذ	ا	ئ	ق	و	ی	ر	ڌ
ط	ر	ا	پ	چ	ر	ف	ل	ڃ	ف	ث	چ	ي	ث
ٻ	ي	ک	ل	ز	ا	ص	ي	ط	م	ک	ر	ن	ل
غ	ک	ي	ُ	و	ن	ن	ن	ي	ف	ڌ	ا	د	ا
ذ	ر	ر	ف	ڨ	ث	ظ	ي	ي	پ	ظ	د	ر	ئ
س	د	پ	س	ش	ن	م	و	ظ	ي	ڨ	ڎ	ڙ	ي
ڙ	ا	ي	ا	ف	ي	ن	و	گ	ر	ي	ک	ھ	ک
ک	ي	پ	ل	ٿ	د	ث	ع	ن	گ	ث	ق	س	و
ڙ	ط	ط	ث	ٻ	ص	ث	ا	ل	ا	ئ	ج	ي	ر
و	و	ث	ک	س	ڌ	و	ذ	خ	ک	ق	ٽ	ث	س
ڳ	ض	ل	ئ	ب	ب	م	ب	ڏ	چ	گ	ش	ڃ	ڃ
ک	م	ی	ن	ي	ر	چ	ح	ص	ي	ی	ا	ف	ع

انيس
ڪڙو
الائجي
دار چينی
لونگ
ڪوريندر
ڪمين
ڪيري
سونف
فينوگريڪ

ذائقو
ٿوم
ادرڪ
لائيڪورس
پيالو
پيپريڪا
زعفران
سالٽ
مٿو
وينيلا

19 - Mammals

ٿ	ث	ن	ب	چ	ي	ت	ا	ٽ	ن	د	ڙ	پ	چ
ڪ	ر	ڏ	ڀ	ي	ٿ	ا	ه	ڙ	ظ	ف	آ	ڳ	گ
ڃ	ط	و	ڀ	ئ	ئ	و	ڙ	ظ	ٽ	ڃ	ر	ڻ	و
ش	ع	ر	ڌ	ا	ڪ	ر	ش	ٿ	ڦ	خ	ٿ	ق	ر
ظ	ڇ	گ	ز	د	غ	ن	و	ڍ	ر	د	ن	ب	ي
ڪ	س	ن	ي	گ	آ	ص	گ	ي	م	ڏ	ي	گ	ل
ف	ڻ	ڪ	ب	ٻ	ڙ	ش	ر	ڻ	ب	م	ڀ	غ	ا
ا	ُ	ٿ	ر	و	ڻ	س	خ	ر	ز	ص	ف	ز	غ
ر	ڇ	ُ	ا	ل	ا	ا	ظ	ي	ڳ	ئ	ڦ	ا	ر
ج	ي	ئ	ج	ف	ڙ	و	ڙ	و	ه	گ	ٽ	ڦ	ڃ
ل	غ	ز	ج	ن	ض	ل	ح	ٽ	ب	آ	ڌ	ت	ڇ
ڀ	ح	ا	ِ	ئ	ر	ف	ي	ش	ز	ٻ	ا	ع	ڻ
ٿ	گ	ڇ	ڇ	ڃ	ڃ	ڀ	ص	ه	ض	ل	ڏ	ح	ط
ب	گ	ٿ	ف	ص	ب	ق	ڦ	ن	و	ي	ڪ	ڻ	ر

بيئر
بيور
ٻلي
اُٺ
چيتا
ڊولفن
گڊائي
هاٿي
جراف
گوريلا

گهوڙو
ڪنگرو
شعر
بندر
پينٽر
خرگوش
رڍون
وهيل
ولف
زيبرا

20 - Restaurant #1

ب	ا	و	ر	چ	ى	خ	ا	ن	ه	ن	ر	ر	پ
م	ب	غ	ط	خ	ڃ	و	ي	ک	ئ	ب	ز	د	ت
ل	ي	ل	ب	ي	ع	خ	ٹ	پ	ٹ	ب	ر	ئ	ڃ
ڃ	س	ن	م	ظ	و	ٹ	ع	ي	ي	ڨ	و	ش	ل
ب	ي	ج	ي	چ	ي	د	ي	ن	ا	م	ي	غ	ڨ
ط	پ	ک	ش	و	ث	ن	ض	پ	ل	آ	ش	و	ع
د	س	ا	چ	ه	ر	ګ	ج	خ	ر	ط	ن	ب	ب
ل	ا	ف	ا	ژ	ي	م	ف	ڇ	ج	ش	ژ	ط	ث
ث	ک	ي	ق	ع	س	ث	ذ	ي	ي	ر	ب	ڃ	ف
ح	ک	ا	و	پ	پ	ڌ	و	ج	و	ت	خ	ث	ڃ
ڃ	ئ	د	ڌ	ل	ڃ	ظ	ج	پ	ک	ٹ	ش	ک	ب
گ	و	ش	ت	و	پ	گ	ث	ا	ک	گ	ج	ح	ک
ئ	س	ا	س	ج	ک	ي	ط	ڇ	ژ	ظ	ع	ک	ک
ي	س	ب	ي	ظ	ى	ګ	ٹ	ي	ي	ق	ذ	ظ	ز

الرجي
بلي
ماني
ککړ
کافي
کاڈو
باورچی خانه
چاقو
گوشت
مينيو
نيپکن
رزرويشن
ساس
اسپيسي
ويټريس

21 - Bees

ف	ت	خ	ڪ	ق	پ	ڏ	غ	ڦ	ج	ڄ	ڳ	ڇ	ٻ
ق	ز	ل	ا	ف	ٿ	ٻ	ن	ر	ف	ر	ا	ڻ	ي
ف	ُ	ڍ	ڌ	ب	ا	غ	ن	غ	ٿ	ض	ٿ	ا	غ
ڄ	ا	ل	و	ٿ	و	ٻ	ڪ	ص	ڏ	پ	و	ف	ت
ڇ	ڇ	ئ	چ	ڇ	ي	ه	ڦ	آ	ر	ب	ٻ	چ	ع
ظ	ڃ	ڪ	د	م	ڪ	ز	ص	ڇ	ُ	ڦ	ٿ	ص	ا
م	س	ج	ق	ي	ا	ي	ڪ	و	س	س	ٿ	م	د
ي	ڍ	ڦ	غ	ر	م	ُ	ش	غ	ت	ط	ت	ج	ت
و	ا	ح	ٻ	ح	ع	ن	ڳ	ت	ص	ت	ن	ل	گ
و	ب	پ	ر	د	ظ	ٿ	د	ٿ	م	ٿ	و	ي	و
ڌ	پ	و	ل	ي	ن	ي	ٿ	ر	ٿ	ا	ع	ڳ	ن
د	خ	ر	ڌ	ل	ٻ	ظ	ع	ڦ	ن	ع	ڪ	ض	گ
ذ	ڙ	ڳ	ش	پ	ئ	ڏ	ص	خ	پ	و	ل	ن	س
ر	ل	ج	ئ	د	ق	ي	ض	ى	غ	ع	ڻ	گ	ظ

فائديمند
ٻوٽو
تنوع
ايڪو سسٽم
گلن
ڪاڏو
ميوو
باغ
عادت

ماکي
ٻوٽا
پولن
پولينيٽر
راڻي
تماڪ
سڄ
ونگس

22 - Photography

ظ	ب	س	پ	ڪ	ظ	و	ي	ر	ظ	ن	ڪ	ج	ث
ض	ٽ	ڊ	ج	و	چ	ح	ب	و	ڪ	گ	ن	ر	ي
ي	ع	ل	ڏ	ب	ر	ب	ر	ش	ذ	ڏ	ث	ئ	ٽ
ژ	خ	ي	ط	خ	ز	ث	ڳ	ن	ڀ	ج	ر	ن	ژ
ا	ع	ت	ر	ا	ض	ر	ر	ي	ق	ڪ	ا	ث	گ
ڌ	پ	ڀ	م	خ	ل	ا	و	ي	ي	ا	س	ز	ر
ي	ڪ	ث	ئ	ٽ	ل	ر	و	غ	ث	ر	ث	غ	ي
غ	ٽ	و	ش	ط	ٻ	ي	ن	ن	پ	و	ل	ڃ	پ
ت	خ	ث	ڏ	آ	ٽ	م	ا	ث	د	ظ	ح	ح	گ
و	ع	ث	ا	ٺ	آ	ئ	چ	ڳ	چ	ه	ا	ئ	ج
ا	م	ر	ڏ	ث	ع	ڪ	خ	ي	ڏ	چ	ه	ھ	ڪ
ن	ڪ	ث	ي	م	ر	ا	ف	ئ	ُ	ذ	پ	ڏ	ل
ب	غ	خ	پ	ف	پ	ب	ص	ر	ي	ل	ث	ذ	ٽ
ف	ا	ذ	ض	ذ	ل	ف	ر	ی	م	گ	غ	ر	ع

ڪارو
ڪئميرا
رنگ
ڪنٽراسٽ
اوندهه
تعريف
فارميٽ
فريم

روشني
اعتراض
نظريو
پورٽريٽ
چانو
بناوت
بصري

23 - Sports

چ	ي	م	پ	ئ	ن	ش	پ	ه	ٽ	ي	م	ڏ	ص
ج	م	ن	ا	ز	ي	م	ڳ	ت	ڳ	ف	ڪ	ٽ	ڄ
ڃ	پ	ٽ	ظ	ڌ	ڄ	ٻ	ٽ	ي	ن	س	ڳ	ا	غ
ڪ	ڪ	ف	ڍ	ب	ن	گ	ش	س	ي	غ	آ	ث	ه
و	چ	ق	ڄ	ث	د	و	م	ع	ک	آ	ب	پ	ک
چ	ر	ا	ن	د	م	ل	ڳ	ف	ت	ا	ق	س	ڌ
ب	ي	س	ب	ا	ل	ف	ا	س	ٽ	ي	ب	ي	م
س	ر	ب	ا	س	ڪ	ي	ٽ	ب	ا	ل	ظ	ر	ج
ا	ف	ا	ث	آ	چ	ص	آ	ڦ	ذ	گ	ڳ	ا	م
ئ	ي	و	ي	چ	ذ	خ	خ	ن	ڄ	ڙ	ت	ن	ن
ي	ر	آ	ز	ث	ي	ب	ت	ح	ر	ي	ڪ	د	ا
ڪ	ي	ا	ج	ض	ل	چ	ڄ	ت	پ	ط	ص	ي	س
ل	غ	ظ	ڃ	آ	ر	ي	ڦ	ا	ف	ک	آ	گ	ث
گ	ڳ	ڏ	ک	ص	ٽ	خ	ٽ	ف	ڑ	ر	ڦ	ر	ڪ

ايٽليٽ
بيس بال
باسڪيٽ بال
سائيڪل
چيمپئن شپ
ڪوچ
راند
گولف
جمنازيم
جمناسٽڪ
هاڪي
تحريڪ
رانديگر
ريفري
اسٽيڊيم
ٽيم
ٽينس
فاتح

24 - Weather

ث	ا	پ	خ	ن	خ	ت	آ	ڃ	ت	خ	ٹ	ع	ل
ن	و	س	ن	و	م	ش	گ	ھ	ف	ب	ث	ڃ	ع
ا	ه	ر	ي	د	ب	ژ	ک	ش	ڨ	چ	گ	ظ	ط
ف	ک	ا	ن	پ	ئ	ب	خ	ي	ث	چ	آ	م	س
و	ع	ل	ش	ي	ن	و	ک	س	ع	ن	ف	ڇ	چ
ط	ط	و	و	م	ب	ڎ	ث	ن	و	ن	ب	ي	ڌ
ت	ُ	پ	ر	ر	ڌ	و	ن	پ	ب	ف	ت	ض	ا
د	م	ک	آ	گ	ڃ	ي	ث	س	ل	ب	ګ	ڃ	ھ
ت	ٹ	م	ګ	چ	ف	ڎ	ھ	ڨ	ک	ج	آ	و	د
ط	ص	چ	ئ	ث	ض	چ	ي	ٹ	ن	ب	خ	ط	ٹ
ق	ل	ک	ي	پ	ا	ر	ث	گ	و	ا	ق	ش	ڨ
ئ	ب	ث	ګ	ذ	ک	ڨ	ٹ	ن	ٹ	د	ي	ي	ک
چ	ڃ	ح	ي	ڌ	ي	ت	ح	پ	ظ	ل	ش	چ	ش
ح	ڃ	م	و	س	م	ع	ح	ث	ر	ی	ن	ب	و

فضا
هوا
سکون
موسم
بادل
خشکي
خشک
بوډ
روشني

مون سون
پولار
رينبو
طوفان
گرمي پد
کنوڼ
ټورنيدو
ټراپيکل
ونډ

25 - Adventure

ف	چ	پ	ڃ	ڍ	ٿ	ح	ب	خ	ا	ک	گ	خ	ڦ
ڳ	ط	ا	ظ	ح	ک	ف	ص	ظ	ڌ	ص	ڳ	و	گ
ف	ب	ر	ڊ	ڇ	ض	ا	ع	ڳ	ف	پ	ص	ب	آ
ڻ	ُ	ٻ	ت	ذ	ڌ	ظ	د	و	س	ت	و	ص	س
چ	م	ٻ	ڻ	غ	ٿ	ت	ت	ي	ا	ر	ي	و	ث
ڳ	ن	ش	ي	گ	ي	و	ي	ن	ث	ف	ه	ر	ڳ
ش	ز	ج	و	ي	و	س	ر	گ	ر	م	ي	ت	ن
ر	ل	ن	ف	آ	خ	ن	و	ه	ڌ	س	خ	ي	ئ
د	ت	ک	ک	ل	ط	ا	ظ	پ	ر	ڊ	ي	ث	و
ظ	ڍ	ص	ش	ض	ر	چ	ث	ف	ڦ	ڦ	ه	ر	ن
خ	د	د	ل	م	ن	ذ	ڃ	س	ڳ	ظ	غ	ل	حُ
ق	ٿ	ڃ	ک	ئ	ا	ڃ	ک	ث	ش	ڙ	ک	آ	
ڻ	ٻ	ب	ئ	پ	ک	ٻ	ٿ	گ	ٿ	ٿ	ڊ	ي	م
غ	ی	ر	م	ع	م	و	ل	ی	ي	ي	ل	ي	ٿ

سرگرمي
خوبصورتي
چانس
خطرناڪ
منزل
مشڪل
سير
دوستو

جويو
فطرت
نيويگيشن
نئون
تياري
حفاظت
غير معمولي

26 - Sport

ه	ص	گ	و	پ	ش	پ	پ	ُ	س	ق	ئ	غ	ڊ
ُ	ح	و	ن	ي	د	ن	ا	ر	ط	ک	پ	ذ	ا
ذ	ت	ز	ص	گ	ژ	ذ	ش	ز	ک	ج	ي	ا	ن
ژ	ض	ع	ض	ل	ا	ت	ق	پ	و	س	ُ	ئ	س
ت	ط	ش	ذ	آ	ن	ج	پ	گ	چ	م	ب	ي	ن
س	ا	ئ	ي	ک	ل	ه	ل	ا	ئ	ڻ	ش	ت	گ
ک	پ	غ	د	و	ش	ذ	ژ	گ	ض	ا	ث	س	م
ل	س	ر	س	ذ	ا	ي	ث	ل	ي	ث	چ	ز	آ
ئ	ب	س	س	۾	خ	ب	ذ	ف	ل	ض	ث	ظ	ي
غ	ي	ج	ق	و	چ	ل	ُ	ي	د	س	ذ	ڳ	ج
ي	ص	چ	گ	ذ	ه	ق	ق	خ	ن	ت	ذ	ه	ط
ڳ	پ	ب	ث	ذ	ص	ذ	ط	ا	ق	ت	ا	ڊ	پ
ڻ	ر	ع	ث	س	ش	م	ا	ر	گ	و	ر	پ	ئ
ر	آ	م	ى	ث	ا	ب	و	ل	ک	ک	ژ	ض	خ

ايٿليٽ
جسم
هڏا
قلبي
ڪوچ
سائيڪل هلائڻ
ڊانسنگ
صحت

جاگنگ
وڏ ۾ وڏ
ميٽابولڪ
عضلات
غذائيت
پروگرام
راندين
طاقت

27 - Circus

ج	ض	ج	ئ	ق	و	ڀ	خ	ا	ف	ڏ	غ	ح	ٿ
ڄ	ا	ظ	د	ل	ر	د	ي	ک	ق	ي	ڌ	پ	ٻ
م	ذ	ن	ظ	د	گ	ڻ	م	ر	ر	ک	گ	د	م
ذ	و	خ	و	ف	ي	ض	و	و	پ	ا	و	ظ	ڍ
ڃ	ر	س	ص	ر	ئ	ظ	ھ	ب	گ	ر	ل	ک	ڻ
ش	ع	ر	ي	ٿ	ا	ه	ق	ي	م	ي	ي	س	ٻ
ٻ	ٻ	ر	د	ق	ٿ	ن	ظ	ٿ	ن	و	و	گ	ھ
ٿ	ر	ڪ	ڍ	پ	ي	ب	ن	د	ر	خ	ن	ظ	ٻ
ج	ا	د	و	و	چ	پ	ژ	غ	ا	ژ	ڏ	ڌ	ن
ٿ	ب	ڪ	ن	ش	ش	ٿ	خ	ڍ	ق	ز	ٿ	س	ک
د	ب	ق	ڻ	ا	ن	ت	ت	چ	ٻ	ل	ٻ	ض	آ
غ	ڄ	ش	ڍ	ڪ	ب	ڦ	ٻ	ظ	پ	ذ	ب	ُ	ڦ
ڇ	ڦ	ڍ	ڻ	ڀ	چ	پ	ئ	ح	ڀ	ھ	ٿ	و	ز
ا	ح	ب	ي	ا	ج	ط	آ	ا	ص	ھ	ُ	ا	م

اکروبيٽ
جانور
گوليون
پوشاڪ
هاٿي
ٻبر
شعر
جادو

بندر
موسيقي
پريڊ
ڏيکاريو
خيمو
ٿائيگر
ٽرڪ

28 - Tools

ی	ُ	و	ئ	ب	ا	ذ	ض	د	پ	ت	ت	ب	ز	س
ب	ل	ر	ح	ي	ف	ص	ل	ش	گ	گَ	ا	ُ	ڈ
ش	ذ	ق	چ	پ	ض	ي	ب	ج	س	س	ع	چ	ع
ت	و	ق	ا	چ	ئ	گَ	ي	س	ش	ض	د	پ	م
پ	ط	گ	ن	ر	ت	ذ	ک	ا	م	ت	ڑ	د	ٹ
ب	ا	ص	س	ت	پ	ر	س	ي	ش	ظ	ب	پ	آ
ز	ُ	س	ذ	ل	و	ک	ل	ت	ع	ب	آ	س	ئ
ف	ت	چ	ا	چ	ر	گ	ع	د	ل	ح	ت	و	ح
ڈ	ا	ي	ک	و	ه	ي	م	ر	ت	ط	پ	ج	ت
ا	پ	ل	ٹ	س	ک	ي	ا	ي	ک	ک	گ	ط	ي
ک	ل	ه	ڈ	ش	ا	و	ل	ز	د	ص	غ	ي	س
چ	ر	ه	چ	ي	د	غ	ل	ت	ر	ٹ	ط	ف	غ
ک	ض	ف	چ	ئ	ا	گ	ُ	ع	ت	ي	د	ق	ي
ه	ئ	چ	ٹ	م	ف	گ	ک	ٹ	ط	ٹ	خ	غ	گ

ریزر	ایکس
رسي	کیبل
اسکرو	گلو
شاول	ہیمر
استاپلر	چاقو
مشعل	ڈاکٹ
چیلهہ	مالليٹ
	پلیئرس

29 - Restaurant #2

م	ز	خ	ا	م	د	ق	م	ف	ط	ٻ	ض	ٿ	ه
ا	ز	ٿ	ڦ	ي	چ	م	ص	ن	و	چ	م	چ	ل
ر	ل	ي	ن	و	ي	ڄ	ا	پ	ڦ	ر	ڳ	گ	ن
ف	ٻ	ٽ	د	و	ڏ	ز	ل	ک	ُ	ڃ	ک	ع	چ
ث	و	ا	ٿ	ا	ذ	چ	ح	ل	ر	ڏ	ي	ن	ص
م	ن	پ	ح	ڦ	ر	چ	و	ٿ	ر	س	ڏ	ظ	ض
ص	و	ٻ	ن	پ	ڏ	ٿ	ڄ	ٿ	و	ن	ي	ٿ	ي
چ	ب	آ	ص	ک	ي	ک	ڙ	ٻ	ي	ف	ڳ	چ	ظ
ڌ	ر	ٽ	چ	چ	خ	م	آ	س	ٽ	س	ش	ڍ	ت
ڦ	آ	چ	ه	س	خ	ک	ڙ	و	ر	ل	ي	پ	ص
ل	س	و	پ	ا	ذ	و	پ	ڄ	ڌ	ا	ي	ئ	ک
ل	آ	ڃ	ٿ	ل	پ	ع	غ	ج	ظ	د	ي	پ	ٽ
ٻ	ڄ	ڳ	س	ٽ	ر	ض	ش	ج	ٻ	گ	ط	ح	آ
ک	ط	گ	ئ	ک	ي	ي	ض	ج	ک	ي	ض	ٻ	ڳ

ڪيڪ
ڪرسي
مزيدار
مڇي
فورڪ
ميوو
لنچ
نوبلز

سلاد
سالٽ
سوپ
مصالحو
چمچو
پاڇيون
ويٽر
پاٽي

30 - Geology

ا	ک	ظ	ا	ث	آ	ي	م	ُ	پ	ص	ف	م	ق
س	و	ف	د	ش	ع	ت	ذ	ب	چ	چ	ر	ع	ه
ر	ا	غ	آ	ذ	گ	ر	ش	غ	ب	ُ	ن	د	چ
پ	و	ئ	خ	ع	ظ	پ	ث	ف	ع	ج	ث	ن	ص
گ	ا	ذ	ي	ئ	پ	ص	ن	ه	ش	غ	ه	ي	ئ
ث	ل	ا	س	ک	پ	غ	ن	ذ	چ	ا	ب	ا	و
چ	ن	ک	غ	و	ل	گ	ي	س	ر	ژ	ن	ت	ي
چ	چ	س	ض	ل	ک	و	ث	ر	ث	گ	ي	ح	ٹ
ه	ک	گ	ر	ز	ر	ا	ن	ا	پ	ذ	ڈ	ک	ٹ
ک	و	م	ز	ل	س	م	ک	ه	ف	ز	ڈ	ق	ص
ا	ر	پ	ي	ز	ث	ر	ا	و	ک	و	ه	ڈ	ئ
ر	ل	پ	ل	س	ل	ز	ث	ئ	پ	ن	چ	ث	چ
ر	ا	س	ث	ا	ل	گ	م	ا	ئ	ث	س	ب	ش
ز	ق	گ	ڈ	ڈ	ب	ک	ر	ک	ص	چ	ر	س	آ

کلسيم
غار
کنٹيننٹ
کورل
کرسٹل
سائيکلون
زلزلو
گيسر
لاوا

پرت
معدنيات
کوارٽز
سالٽ
اسٽالگمائٽس
پٿر
آتش فشان
زون

31 - House

ڎ	ل	ج	چ	ه	ح	غ	ک	ث	ث	ژ	ح	ب	ژ
ث	ا	ا	ت	ه	ل	ئ	گ	پ	م	ر	ي	ي	ڪ
ع	و	ر	ئ	ا	ڌ	ھ	ئ	ص	ڌ	گ	ڌ	س	ض
ڻ	ڌ	ي	ب	ب	ت	چ	ن	ڳ	پ	ُ	م	م	ث
ُ	و	گ	غ	ا	ر	د	ر	و	ا	ز	و	ي	آ
پ	ر	د	ا	ث	و	ي	ن	م	چ	ڦ	ر	ن	ٻ
ٻ	م	ل	ب	س	ن	ر	ر	چ	ت	م	ب	ث	ڇ
ھ	ڪ	ج	آ	ي	ي	ڎ	چ	ي	ن	د	ڄ	گ	ڌ
ب	ث	ڳ	ب	ک	ئ	ڻ	گ	ی	گ	ش	غ	آ	چ
س	م	چ	ي	چ	آ	ي	ف	ع	خ	ڎ	و	ب	ص
ف	ر	ن	ي	چ	ر	ئ	ض	پ	ش	ا	ب	چ	ح
ل	آ	ھ	ڪ	ھ	ر	ي	ج	ڌ	ب	ا	ن	ڳ	ڃ
ي	ڌ	ث	ظ	غ	ئ	ھ	ث	ڻ	ز	ب	و	ه	
ش	ب	ڻ	چ	گ	ف	ر	ش	ڻ	ش	ڎ	ی	ر	ج

بيسمينث
بروم
چمني
پردا
دروازو
باهه
فرش
فرنيچر
گيراج
باغ
ڪي
باورچی خانه
لائبريري
آئينو
چت
ڪمرو
شيلفس
شاور
وال
ونڊو

32 - Physics

ذ	ا	ض	ي	ي	چ	ٽ	ٿ	ج	ڪ	گ	ع	گ	ت
ڦ	ر	ط	و	ب	ر	ج	ت	چ	ي	ض	ي	ٽ	ي
گ	ز	و	ن	ڦ	ش	ن	خ	ر	م	پ	س	س	ز
ڏ	ع	پ	ي	ش	ش	ا	ڪ	پ	ي	ج	و	ن	ر
ڌ	ڍ	ن	و	ر	ٿ	ڪ	ي	ل	ا	ظ	ت	ٻ	ف
ه	ح	ڦ	ر	م	ش	ي	ن	ي	ئ	ڍ	ٽ	ي	ت
ٽ	ا	ڙ	س	ک	ٿ	ا	ف	ت	ي	م	ا	س	ا
ٻ	ڳ	ت	ل	ي	ر	ُ	ل	ر	ف	ت	ا	ر	ر
ٺ	ن	ا	ط	ي	س	ن	ئ	و	ڪ	ڀ	ر	ف	ي
م	ق	ن	ا	ط	ي	س	ه	چ	م	ڏ	ٿ	ب	ق
ا	ئ	ٿ	م	ي	ش	ع	ک	ز	س	ر	ٿ	ڍ	ا
و	پ	ا	ڳ	ا	ل	و	ي	ڪ	ي	ل	ا	م	ن
ٻ	ج	ڍ	ڙ	غ	ڳ	ڌ	پ	چ	ڏ	ڏ	ٿ	ف	و
ه	ي	ي	ب	م	ي	ص	ُ	ص	گ	ا	ت	ب	ن

تيز رفتاري
ڪيميائي
ڪثافت
اليڪٽرون
انجڻ
توسيع
تجربو
فارمولا
فريڪوئنسي
گيس

قانون
مقناطيس
ماس
مشيني
ماليڪيول
ائٽمي
ذرو
لاڳاپو
يونيورسل
رفتار

33 - Dance

پ	ئ	چ	ظ	گ	ي	ث	ف	ت	ئ	ٹ	ن	ف	پ
ن	ا	ئ	ڇ	ئ	ت	ج	ق	ع	ڍ	ث	ظ	ي	م
ز	آ	ر	گ	ژ	ي	ک	ٿ	ا	ي	ج	س	م	د
ص	ڦ	ٹ	ٿ	د	ا	ڄ	ئ	پ	ف	ڃ	ڇ	ڄ	ھ
ج	آ	ر	ٿ	ن	و	ک	و	خ	ا	ت	ک	ڀ	ط
ا	ذ	ع	ڄ	ک	ر	ل	ض	ف	ر	ف	ي	ص	ڦ
ب	م	ب	ٿ	ر	ڍ	ا	ڀ	ط	گ	ا	ر	ض	آ
ص	س	خ	و	ه	ن	س	ج	س	و	ق	ح	ا	ج
ر	ٹ	ا	ڳ	ا	ڌ	ي	ظ	ا	ي	ٿ	ت	ک	م
ي	ژ	ص	ڦ	ظ	پ	ک	و	ٻ	ر	ت	ج	ي	و
ڃ	ڇ	ث	ق	ئ	ئ	ل	غ	پ	و	ڏ	ئ	ٻ	س
ئ	د	پ	س	ک	ٿ	ز	ذ	ه	ک	گ	ٹ	م	ي
ڏ	ر	خ	ڏ	ض	ظ	گ	آ	خ	ت	ڃ	ج	ي	ق
ص	ت	ا	ل	ق	ڃ	ذ	ژ	ڏ	د	س	ي	ش	ى

اڪيڊمي
آرٽ
جسم
ڪوريوگرافي
ڪلاسيڪل
ثقافتي
ثقافت
جذبو

ظاهر ڪندڙ
فضل
تحريڪ
موسيقي
پارٽنر
تال
روايتي
بصري

34 - Colors

ڪ	گ	ڳ	س	غ	ٺ	و	ي	ڳ	ن	ڄ	ڀ	ڄ	ذ
ل	ل	ا	ي	ک	ڄ	ي	ئ	ٻ	ا	ڍ	ڦ	ض	آ
ٿ	ا	ڙ	پ	گ	س	ي	ا	ن	س	ب	ي	ج	ڄ
ڦ	ب	ه	ي	ش	ن	ط	ڻ	ر	ي	ڍ	ک	ٽ	ت
غ	ي	و	ا	ا	د	ر	ڱ	و	ڊ	ظ	ح	ڦ	س
ۼ	ڇ	ر	ي	ڳ	ڇ	د	ا	ط	ق	د	ڄ	ص	ٺ
آ	ز	و	چ	ح	د	و	و	ن	ک	ڦ	گ	چ	ض
ح	ت	ڀ	و	ڍ	خ	ر	ل	و	س	ٻ	ڄ	د	ذ
ٽ	ُ	ق	ف	م	ل	ي	ي	ا	د	ا	ک	ف	ڙ
ڏ	ڊ	پ	ٺ	ُ	ڍ	ن	پ	ي	آ	ڄ	ئ	ڻ	ڀ
ڳ	ظ	ئ	ٺ	ا	چ	ظ	ض	و	ڦ	چ	ه	و	ک
ع	م	ئ	ج	ن	ٽ	ا	ش	ل	ڪ	ا	ر	و	ڄ
ٽ	ُ	ک	ط	ٽ	ڍ	ک	ڊ	ي	ز	ه	ض	ب	ظ
ح	ذ	ب	ڙ	ع	ط	ذ	ه	ٽ	ق	ى	د	ق	ص

بيج
ڪارو
نيرو
ناسي
سيان
فوچيا
سائو
پورو
مئجنٽا

نارنگي
گلابي
واڱڻائي
ڳاڙهو
سيپيا
وايوليٽ
اچو
پيلو

35 - Climbing

چ	ا	ث	ن	پ	ُ	ب	ژ	خ	آ	ک	ذ	ب	ث
س	ث	و	ب	ه	ث	ژ	ر	ه	ق	ت	گ	پ	چ
س	ض	د	ن	ت	ف	ض	ا	د	ت	ن	گ	ظ	ت
ط	پ	ت	ف	چ	ق	س	غ	ا	ه	ي	ل	م	ث
ت	ا	ص	ث	ي	ا	ث	آ	ي	ج	ا	ب	ل	و
ج	ڨ	ق	چ	ک	د	ئ	ف	ت	م	ڻ	ظ	خ	ن
س	ث	ژ	ت	پ	غ	ذ	ي	و	ق	ز	خ	م	ا
س	ب	ر	ُ	خ	غ	ب	ش	ن	ه	چ	م	ا	ت
ض	ش	گ	ي	و	ت	ق	ج	ص	ک	خ	ُ	ک	س
ي	گ	ث	ڨ	ن	چ	پ	خ	ڨ	پ	ل	ژ	ح	د
ڳ	ک	ئ	ز	ر	ن	پ	ي	م	ڌ	ڻ	ط	ت	م
و	ر	ر	ن	ع	ڳ	گ	ز	ا	ڌ	م	ي	س	ڳ
ذ	ڨ	ڻ	ڳ	س	ي	ڻ	ث	ه	ث	ت	ح	ا	ڻ
ق	ف	ڳ	ف	ئ	ض	ئ	ث	ر	ڻ	ا	ر	ڌ	ا

اونچائي
فضا
بوټس
غار
تجسس
ماهر
دستانو
هدایتون

هیلمټ
جابلو
زخم
تنګ
استحکام
طاقت
ټرینګ

36 - Shapes

ڙ	ٿ	ه	ڙ	ر	ل	ذ	ڙ	ذ	آ	ر	س	ي	ث
ق	ڦ	ُ	ا	س	ٻ	ٻ	ڄ	حُ	و	ا	و	و	ل
د	ٿ	ز	ل	ئ	ر	ٿ	ذ	ُ	م	ک	ه	چ	ث
ڪ	ڌ	ن	و	گ	ي	ل	و	پ	ک	ک	ر	ٻ	م
ي	س	ا	پ	ا	ز	پ	ر	گ	ن	ظ	ه	ڦ	ڌ
و	ف	ش	د	ي	ل	ُ	ر	ئ	ا	و	ڪ	س	ا
ب	ُ	ب	ل	ج	ي	ا	خ	ب	ن	ٻ	ت	چ	ج
ي	چ	ص	و	ز	ط	ز	ئ	ي	و	ر	ئ	ا	د
ئ	ڙ	ڄ	ذ	ا	ت	ڪ	ڳ	ي	ڪ	ل	ڄ	ز	ع
ڄ	ف	م	ڪ	ُ	س	ظ	آ	ي	ن	ٻ	ا	ق	ع
ڌ	ع	ح	ٿ	ٻ	م	ا	ر	پ	ٿ	ن	و	ڦ	ڳ
ط	ڌ	ڍ	م	ڀ	ٻ	ڙ	س	ر	ب	ذ	چ	ح	ذ
ڪ	ن	و	ر	ڏ	ن	ل	س	و	ج	ن	ڌ	ص	د
ڍ	و	د	ٿ	ش	ب	ی	چ	د	ڃ	ڃ	ش	چ	ت

آر سي
دائرو
ڪون
ڪنور
ڪيوبي
وکر
سلنڊر
ايجز
هائيپربولا

لائين
اوول
پولي گون
پرامڊ
مستطيل
پاسي
اسڪوائر
مثلث

37 - Scientific Disciplines

ن	ڏ	ف	ف	ڍ	آ	ا	ن	غ	ڃ	ڙ	ر	ذ	ڄ
ي	ٻ	ز	ل	و	ج	ن	و	ڦ	ذ	ڳ	ط	ڃ	
و	چ	ي	ڪ	ٿ	ٽ	ا	چ	ُ	س	ا	و	ٻ	ج
ر	م	ا	ي	ش	و	ت	ذ	ح	چ	ي	ئ	ي	غ
و	ش	ل	ا	ي	ج	و	ل	و	ي	ج	ا	ي	ڦ
ل	ي	و	ت	ن	ت	م	ھ	ن	ل	پ	ڃ	ت	ت
و	ن	ج	ز	ٿ	ع	ي	ت	ا	ي	م	س	و	م
ج	ي	ي	ڙ	و	ڦ	ر	و	ب	و	ٿ	ڪ	س	ح
ي	ڌ	ظ	ٿ	ب	ڏ	م	ع	د	ن	ي	ا	ت	ي
ڪ	ي	م	س	ٿ	ر	ي	ج	و	ل	و	و	ز	ا
و	م	ا	ح	و	ل	ي	ا	ت	ڌ	ن	ذ	چ	ت
ل	س	ا	ن	ي	ا	ت	ا	ي	ج	ا	م	س	ي
ڌ	ڳ	ُ	پ	آ	ر	ڪ	ي	ا	ل	و	ج	ي	ا
ا	م	و	ن	ا	ل	و	ج	ى	ل	ڌ	ٿ	آ	ت

اناتومي
آرڪيالوجي
فلڪيات
حياتيات
بوٽني
ڪيمسٽري
ماحوليات
جيولوجي
امونالوجي
لسانيات
مشيني
موسمياتي
معدنيات
نيورولوجي
غذائيت
فزيالوجي
نفسيات
روبوٽڪس
سماجيات
زوولوجي

38 - Science

ش	پ	ن	ا	د	س	ن	ئ	ا	س	د	ُ	ح	ث
ث	ج	ک	ڦ	ط	خ	ل	د	س	ڪ	ز	ف	ق	ن
ظ	ظ	ٿ	ح	خ	غ	و	و	س	پ	ب	ڊ	ي	آ
م	ک	ع	ٿ	م	ع	د	ن	ي	ا	ت	ا	ق	ص
ٿ	ج	آ	ي	ص	ڊ	ت	ٻ	ٿ	ڪ	ب	ج	ت	ٻ
ڳ	ھ	ڪ	ٿ	ب	ھ	ٿ	و	و	ث	ل	چ	ُ	ي
ح	ط	ل	ذ	ط	ڪ	ٿ	ٿ	پ	ک	ڀ	و	ج	ف
ت	ر	ط	ف	خ	ي	ئ	ا	ي	م	ي	ڪ	م	ع
ا	ي	ر	پ	ڳ	ک	م	د	ئ	ع	ف	ش	ا	و
ق	ق	ت	ش	ي	ر	ٿ	ر	ا	ب	ي	ل	ف	آ
ٽ	و	ت	ج	غ	ڌ	ض	چ	ه	ف	ق	ا	و	ڀ
ڇ	ج	غ	ر	ر	ذ	ر	ڙ	ا	م	و	س	م	ذ
ل	س	ج	ڇ	ا	ب	ر	م	ھ	خ	ي	ن	چ	ڏ
ض	ڊ	ى	ٿ	ا	ص	و	خ	ڄ	ر	د	ظ	غ	ئ

ڪيميائي
موسم
ڊيٽا
ارتقا
تجربو
حقيقت
هائيپوٿيسس
ليبارٽري

طريقو
معدنيات
مولڪيولس
فطرت
ذرڙا
فزڪس
ٻوٽا
سائنسدان

39 - Beauty

خ	آ	ش	ٺ	ن	خ	ج	ڌ	ڌ	ز	ف	ت	م	ن
خ	و	پ	م	ي	ش	د	و	ز	گ	ژ	ض	د	ک
و	ب	ب	س	ڪ	ٽ	ى	م	س	ا	ک	گ	پ	آ
ب	ش	ص	ص	ث	ڃ	ض	ح	ت	آ	ئ	ي	ن	و
ص	و	ط	ط	و	ف	ڏ	ڌ	ٻ	و	ڦ	ژ	پ	ک
و	خ	م	ڏ	پ	ر	ض	ا	م	ڌ	ن	م	ژ	ُ
ر	ڇ	ک	ب	ژ	ذ	ت	ل	ٿ	ر	ا	چ	و	غ
ت	ٻ	و	ُ	پ	ل	ف	ي	ژ	ٻ	ط	ص	د	ط
ٿ	ڪ	ذ	ٺ	چ	چ	ا	ر	م	ُ	ڳ	ع	ڇ	ڳ
ا	ر	ا	ڪ	س	ا	م	و	ش	ئ	ڦ	گ	ڌ	ڇ
ه	ي	ا	س	ٿ	ا	ئ	ل	س	ٿ	ن	ض	ئ	ٺ
ٺ	ذ	ٺ	ڇ	ک	پ	ر	ڦ	و	ٿ	و	ج	ن	ڪ
و	پ	ذ	پ	ط	ي	ن	آ	پ	ه	ٿ	ٺ	ا	ع
ل	ي	ا	س	ٿ	ڪ	گ	ٻ	ت	ي	خ	ط	ُ	ش

چارم
رنگ
ڪاسميٽڪس
خوبصورتي
خوبصورت
خوشبو
فضل
لپ اسٽڪ

ٺاهڻ
ماسڪارا
آئينو
ڦوٽوجنڪ
خدمتون
شيمپو
چمڙي
اسٽائلسٽ

40 - Clothes

ج ح ب ر ث ي ئ و س ل ص ق پ غ
و گ ي چ ب ل ا ؤ ز ب ث ٹ غ پ
ت پ ي ظ ي ش م ق ي ا م ت ا س
ا ث ن د س ت ا ن و س خ ج ي ن
د ض ذ ح ذ ذ ه ا ر ئ ا ن ذ ي
ب ث و ک ٹ ي ظ ث م م ب ش و ج
ث ک ث ک ش ن ث ه ا ل م ي و ظ
ض ي ق ن ن ف ب س ن ق چ ف ا و
د ج ذ گ و ي چ ژ ح ي ح ک ش ڈ
گ گ ت ٹ ل ُ آ پ چ ئ س ش د ث
ف ژ ب ث ت ه و ب م پ ک ث ر ش
خ ث ط ئ پ د ع ن ي ژ ا ف ٹ ث
ص ح ا ر ب ف گ ت ڈ ه ر ح آ ص
ي ص ن د گ س ص ج غ ق ف غ ض س

بيلٹ
بلاؤز
كنگن
كوٹ
لباس
فيشن
دستانو
جيكٹ
جينس

زيور
هار
پاجاماس
پتلون
سينڈل
سكارف
شرٹ
جوتا
سوئيٹر

41 - Ethics

ب	ق	ج	ڃ	ح	ق	ي	ق	ت	پ	س	ن	د	ي
ر	م	و	ف	س	ل	ف	د	ڄ	ي	ف	ق	ُ	س
و	ع	و	م	ض	ح	ق	ف	ط	خ	ا	ڙ	ڇ	ٿ
ا	ق	ت	ي	ق	ک	ڻ	ڇ	ک	ڳ	ر	ٿ	ت	ڙ
د	و	ڳ	ي	ڏ	ٻ	ڙ	گ	ع	ز	ت	ڀ	ڌ	ڏ
ا	ل	ط	پ	ح	ت	ز	ز	س	ض	ي	ق	خ	م
ر	خ	ع	ق	ل	ي	ت	و	ص	ف	ٺ	ڌ	ڙ	ٿ
ي	ر	غ	ڃ	ظ	د	س	ي	ن	ا	ب	ر	ه	م
ٺ	گ	ص	ت	گ	ا	پ	ڙ	ئ	ڌ	ٿ	ف	غ	پ
ش	ڳ	ٻ	ح	ل	ر	آ	ڄ	ي	ڃ	ق	ڀ	ص	ق
ف	ٿ	ر	م	ض	ف	ل	ق	ع	ڃ	ڙ	ک	پ	ش
ق	ا	ي	م	ا	ن	د	ا	ر	ي	خ	ر	غ	س
ت	ت	ڇ	پ	ش	ا	ن	و	ا	ع	ت	ٿ	ڀ	ڏ
چ	ڦ	ف	ڏ	س	ا	ع	ت	ى	ن	ا	س	ن	ا

مهرباني	شفقت
صبر	تعاون
فلسفو	عزت
عقليت	سفارتي
حقيقت پسندي	ايمانداري
معقول	انسانيت
رواداري	انفراديت
عقل	سالميت

42 - Astronomy

ض	ک	ڇ	ظ	ڇ	ر	و	د	ڇ	ح	ٽ	خ	آ	ئ
پ	ن	ظ	ڙ	ظ	ڇ	ي	ٻ	پ	ڙ	گ	ب	ب	ا
خ	س	ق	غ	ش	ُ	ح	س	ٻ	ک	ع	د	ز	ئ
ٻ	ٿ	ڏ	د	و	ر	ٻ	ي	ن	ٻ	ڙ	ٿ	ر	س
ڊ	ي	ٿ	ي	آ	س	ٻ	ا	ڇ	س	ڄ	س	و	ک
ز	ل	ڏ	ر	ت	ي	ي	ر	س	س	ُ	ڃ	ي	ا
ٻ	ي	ج	ا	س	ٿ	ذ	و	و	ٻ	ب	ت	ٿ	و
س	ش	پ	ک	غ	ل	ق	ر	ل	و	ا	ا	ر	و
ت	ن	ي	ب	ڇ	ا	غ	خ	ر	ر	ڃ	ن	ي	ن
ذ	ل	س	ا	ک	ئ	ز	ذ	و	ٿ	ف	ئ	پ	ر
گ	ه	ج	ت	ئ	ي	ٿ	پ	ڍ	س	ز	ا	ا	پ
ئ	ٽ	ع	ي	ح	ٿ	ذ	ک	ح	ي	ٿ	ک	ه	س
ئ	ت	ڏ	ا	ن	ي	ب	و	ل	ا	ي	ٿ	ئ	ڃ
ٿ	ڃ	ر	ٿ	م	ا	ع	ي	ٿ	ٿ	م	م	ح	ع

ايسٽروڊ
ڪنسٽيليشن
ذرتي
گليڪسي
چنڊ
نيبولا
آبزرويٽري
سيارو
تابڪاري

راڪيٽ
سيٽلائيٽ
سولر
تارو
سج
سپرنووا
دوربين
ڪائنات

43 - Health and Wellness #2

پ	ح	ُ	م	ث	پ	ي	ڦ	و	د	غ	ث	ڄ	چ
ص	ح	ت	م	ن	د	ب	ڄ	ث	ص	ٻ	ل	خ	گ
ل	ض	د	ر	ش	ش	ک	ث	ا	ف	ا	ا	و	ذ
غ	ذ	ا	ئ	ي	ت	ڪ	د	م	ا	ل	ت	ء	ب
ک	م	ي	ض	ر	م	ح	ي	ن	ئ	ر	پ	ڪ	ُ
ذ	ڦ	ق	ع	ٻ	ڄ	ض	چ	ف	ي	ج	س	ي	ت
ب	ع	غ	غ	ي	ص	د	ڎ	ئ	ن	ي	ا	ل	و
م	ا	ل	ش	ئ	ب	ح	ا	ل	ي	ا	پ	و	ا
د	ج	ڄ	ط	ا	ج	ي	ن	ي	ا	ت	ي	ر	ن
ٻ	ڳ	ظ	ش	ه	ا	و	خ	ل	ٿ	ط	ڙ	ي	ا
ي	آ	ڎ	ج	ي	ا	ن	ا	ت	و	م	ي	گ	ئ
ُ	م	و	ٻ	ٻ	ض	ز	ح	ن	ج	ڄ	آ	ن	ي
م	ڄ	ع	ص	ڪ	ل	و	ڳ	ق	گ	ز	ث	ڦ	ڪ
ڇ	ص	ط	ئ	چ	ر	ظ	ڻ	ل	ه	ظ	ُ	ڻ	ت

الرجي
اناتومي
خواهش
رت
ڪيلوري
ڊيهائيڊريشن
مرض
توانائي
جينياتي
صحتمند

اسپتال
صفائي
انفيڪشن
مالش
موڊ
غذائيت
بحالي
ڊباءُ
وٽامن
وزن

44 - Time

ُ	ئ	ڎ	پ	ڦ	ن	و	ن	ل	م	ڳ	ٻ	ڇ	ٿ
و	ص	ب	ح	ت	ج	ت	م	س	ت	ق	ب	ل	و
ک	گ	خ	ف	ي	ٻ	ف	ٻ	ظ	ا	غ	ک	ا	م
م	ه	ي	ن	و	ڪ	ه	ذ	ح	ر	ش	ر	س	ڊ
ٿ	ج	ا	ڄ	ٿ	ا	ڦ	ل	گ	ظ	خ	آ	ڀ	ب
ا	د	ن	ي	ڇ	ل	ڀ	ھ	ف	ھ	ط	ڊ	ڀ	ن
ڎ	ٿ	ڇ	م	ڇ	ه	ڄ	ل	ل	ف	ل	ب	گ	ض
ک	س	ڳ	پ	س	ه	ق	ن	ڌ	م	ت	ا	ڎ	ق
ع	ڄ	ڎ	ٻ	ب	گ	س	ٿ	خ	ھ	ڪ	ٿ	ح	ئ
ط	ي	ط	ي	آ	پ	س	ا	ل	ي	ا	ن	و	ه
ڄ	م	ط	گ	ن	ا	گ	ڌ	ي	ڃ	ل	م	و	ا
ص	د	ي	ھ	ق	ه	ڳ	ط	ڻ	ُ	ڪ	ر	ت	ڻ
ع	ل	ف	ڙ	ر	ٻ	ن	ي	ل	ئ	ڪ	ڻ	ا	ب
ط	ج	گ	ى	و	ن	ٿ	ب	ب	ک	ڻ	ڪ	ب	ف

ساليانو
اڳ
ڪئلينڊر
صدي
گهڙي
ڏينهن
ارلي
مستقبل
ڪلاڪ
منٽ

مهينو
صبح
رات
نون
هاڻ
جلد
اڄ
هفتو
سال
ڪالهه

45 - Buildings

ڇ	ڃ	ل	ا	ت	پ	س	ا	س	ٿ	ي	ٻ	ي	م
ز	ڃ	ٻ	غ	ٻ	ص	ڎ	ئ	و	م	ي	خ	د	ر
ئ	ڃ	ب	گ	ض	چ	ب	گ	ن	ٿ	ب	ا	ر	ن
چ	ف	آ	ڇ	ب	ک	ي	پ	ا	ي	ڦ	و	پ	ب
ه	ٿ	ي	ٿ	ر	ش	ز	خ	خ	ڪ	م	ن	ي	ي
پ	ا	ض	ل	ٿ	و	ه	ڌ	ر	ر	و	ا	ٿ	ڪ
ي	ٽ	س	ذ	ي	ص	ھ	ڄ	ا	ا	ئ	خ	س	ٿ
ک	د	ڃ	ٿ	م	ب	ن	ع	ڪ	م	ل	ت	ر	س
ڇ	د	ئ	ٻ	ل	ع	ا	ڦ	ُ	ر	ظ	ر	و	پ
و	ھ	ٿ	ن	ي	م	ٿ	ر	ا	پ	ا	ا	ي	خ
ل	ن	ت	ڌ	ن	ڌ	ڇ	خ	ٿ	س	ط	ف	ن	ک
ا	س	ڪ	و	ل	ح	م	غ	ع	ر	ئ	س	و	ٿ
ش	ڊ	ڊ	ر	م	ي	و	ز	ي	م	ي	ڳ	ي	ط
آ	و	ر	آ	ب	ز	ر	و	ی	ٿ	ر	ی	ڪ	ج

اپارٽمينٽ
بارن
ڪيبن
محل
سئنيما
سفارتخانو
ڪارخانو
اسپتال
هاسٽل
هوٽل

ليبارٽري
ميوزيم
آبزرويٽري
اسڪول
اسٽيڊيم
سپر مارڪيٽ
خيمو
ٿيٽر
ٽاور
يونيورسٽي

46 - Philanthropy

ف	ت	ز	ث	ٹ	گ	ب	ث	ٹ	و	ب	ب	ت	ف
ي	ا	ش	پ	گ	ز	ل	و	گ	ي	و	ع	ا	ض
ف	ن	ا	ن	س	چ	ث	د	گ	ر	ت	ط	ر	ر
م	ا	ٹ	ه	و	آ	ف	ي	م	ا	و	ع	ي	و
ک	م	ي	و	ن	ث	ي	ٹ	ن	د	ا	پ	خ	ر
ن	ط	ا	ژ	ر	ث	ر	آ	و	ن	خ	ا	س	ت
ن	ز	ب	ن	ف	گ	ج	ل	ج	ا	س	ص	م	ُ
ل	ٹ	ن	ژ	س	ب	ا	ر	و	م	ط	ض	ڎ	ح
ُ	غ	چ	ص	س	ا	ج	م	ا	ي	چ	ب	گ	ع
ق	ب	خ	د	ک	ٹ	ن	س	ن	ا	ا	ب	ا	س
م	ا	ر	گ	و	ر	پ	ي	چ	ي	د	ر	ب	ر
ش	ف	ب	گ	گ	ث	ر	و	ت	ڨ	چ	ک	ث	ئ
ن	ه	س	ئ	ي	ظ	س	ث	ج	خ	ژ	آ	خ	ُ
پ	و	ڨ	ج	چ	ث	ظ	ش	چ	ط	ج	س	چ	ل

پار
کمیونٹي
رابطا
فنانس
فنبز
سخاوت
گولز
گروپس
تاريخ

ايمانداري
انسانيت
مشن
ضرورت
ماٹھو
پروگرام
عوامي
نوجوان

47 - Herbalism

ف	ګ	پ	ج	پ	ث	س	ج	س	غ	ق	ش	خ	ض
ز	ا	ث	ي	ص	ص	ک	و	ئ	ا	س	پ	ر	ظ
ع	ا	ئ	ک	چ	ث	غ	ي	ن	ب	آ	ذ	ڌ	ا
ف	ج	چ	د	ث	و	م	ګ	ث	ف	م	ګ	ڎ	و
ر	ز	ب	ن	ي	ل	س	ر	ا	پ	ڎ	ک	ڻ	ر
ا	ا	ث	ڎ	م	م	ر	و	ز	م	ي	ر	ي	ي
ن	ء	ي	ې	ڎ	ن	ن	و	گ	ا	ر	ا	ت	گ
ب	ي	س	ل	ث	ٻ	ث	د	ص	ڌ	ک	د	پ	ا
ل	ا	و	ي	ن	د	ر	ٻ	ع	چ	د	چ	پ	ن
ق	ې	ل	م	ا	ر	ج	و	ر	ا	م	آ	ب	و
گ	ل	ڻ	ه	چ	ا	چ	و	س	پ	ګ	غ	ح	ُ
ي	ن	پ	ڎ	ي	ي	ث	ث	ث	ن	ک	ُ	ژ	ب
ث	ه	و	ج	غ	ع	خ	و	ش	ب	و	د	ا	ر
ې	س	ن	ُ	ث	م	ب	ب	چ	ذ	ا	ئ	ق	و

خوشبودار
بيسل
فائديمند
سونف
ذائقو
گل
باغ
ثوم
سائنو
اجزاء

لاويندر
مارجورام
منټ
اوريگانو
پارسلي
بوټو
معيار
روزميري
زعفران
تاراگون

48 - Vehicles

س	ه	ٿ	پ	آ	ر	م	د	ر	ئ	ا	ٿ	ڏ	ڦ
ا	ي	ر	ڄ	س	ن	ي	ل	و	ب	م	ي	ا	ٿ
ئ	ل	ي	ي	ڙ	ي	ٻ	ل	ٿ	ش	ت	ٻ	ئ	ا
ي	ي	ڪ	ڏ	ح	ا	ڪ	ڏ	ڌ	ر	ص	ڪ	ب	س
ڪ	ڪ	ٿ	ض	ن	ا	ا	ح	ڻ	ت	س	ڄ	ڌ	ڪ
ل	ا	ر	ج	ر	پ	ل	ص	ا	ي	ز	ز	آ	و
س	پ	ڻ	ع	پ	ُ	ڄ	ي	ز	ر	ا	ڪ	ي	ٿ
ت	ٿ	ڪ	ر	ٿ	ر	ٿ	و	م	ي	ه	ح	ڄ	ر
ڦ	ر	ق	ع	ع	ح	ا	ٿ	ُ	ف	ج	ھ	خ	ز
ک	ڳ	ا	ڊ	ٻ	ز	غ	ٿ	ڻ	ب	ي	ڦ	ڊ	ڄ
خ	ر	ف	ت	ي	و	ب	س	ش	پ	ئ	ق	آ	ي
و	ن	ل	ف	ڄ	د	ھ	ف	ت	پ	ا	ڳ	ح	م
ل	ڇ	و	ھ	ٿ	ب	آ	د	و	ڊ	و	ڳ	ت	آ
ا	ع	ع	ڇ	گ	آ	ڪ	ڄ	ف	ڌ	ه	ٻ	ڪ	م

هوائي جهاز
ايمبولينس
سائيڪل
ٻيڙي
بس
ڪار
قافلو
انجڻ
فيري
هيلي ڪاپٽر

موٽر
راڪيٽ
اسڪوٽر
شٽل
آبدوز
سب وي
ٽئڪسي
ٽائر
ٽريڪٽر
ٽرڪ

49 - Flowers

ٻ	ع	ط	پ	ٿ	پ	س	ڪ	س	ي	ب	ه	پ	ٿ
ن	گ	ڦ	ڙ	ت	ل	ا	ي	ل	و	ن	گ	ي	م
ٻ	گ	ل	د	س	ت	و	س	ت	و	ڄ	ٻ	ظ	ح
ي	ج	ٿ	ٿ	ُ	ذ	ڪ	ي	پ	ح	ر	ق	ن	م
ل	ن	ي	پ	ٿ	ڳ	ذ	ٻ	ڦ	پ	ٿ	ش	ڄ	ڇ
ي	ي	ٻ	س	ل	ڙ	ظ	غ	ٿ	ي	ٽ	س	ج	ڀ
و	ذ	ظ	ق	م	ل	ٿ	آ	ت	و	گ	ڄ	ف	ي
ن	ڇ	ُ	ٻ	ڄ	ي	ي	ر	د	ن	ي	و	ا	ل
ق	ڳ	ُ	ڳ	ڻ	ڍ	ن	ڪ	گ	ئ	ڄ	س	ع	ض
پ	ل	م	ي	ر	ي	ا	ي	ک	م	ج	ر	و	س
پ	و	پ	ٿ	ي	ڄ	غ	ٻ	ڄ	ٽ	ڄ	ڇ	ع	ڇ
ف	د	ڇ	غ	گ	ا	ر	ٻ	ي	ن	ي	ا	ٿ	ب
ئ	ڙ	ح	غ	ڦ	ڻ	ڍ	ڄ	ڀ	پ	غ	ڪ	و	ن
ٻ	ج	ٿ	ٿ	ظ	ڍ	ه	ه	ٿ	خ	غ	ُ	ز	ڄ

گلدستو
ڪلور
ڊيسي
ڊنڊيليون
گارڊينيا
هبيسڪس
جيسمين
لاويندر
للي
ميگنوليا
آرڪيڊ
پيون
پتل
پلميريا
پوپٽي
سورج مکي

50 - Health and Wellness #1

ُ	ع	ذ	خ	خ	ڐ	ذ	ڍ	چ	ک	ا	ک	ُ	پ
ڌ	ض	ذ	ج	پ	ن	ذ	ط	س	آ	ٻ	غ	ر	ڃ
و	ل	ڦ	ٿ	ر	غ	ت	آ	ڪ	ک	م	آ	ه	ڻ
ث	ا	ذ	ه	ت	ع	د	ز	پ	ي	و	ڦ	ٻ	س
ب	ت	ح	چ	ز	ز	ا	ي	ر	ي	ٿ	ڪ	ي	ب
ُ	خ	ٺ	ٿ	ن	ق	ع	و	ڙ	گ	ز	ن	ت	ر
ک	پ	ٽ	ڄ	و	ک	ڪ	ل	ن	ز	گ	ي	س	ي
پ	م	ٺ	ب	م	د	و	ا	ا	چ	چ	ل	ز	ف
ش	پ	ف	ا	ر	م	ي	س	ي	ج	ا	ڪ	ن	ل
چ	ح	چ	ص	ا	ر	ه	ٻ	ک	پ	خ	ئ	ن	ي
م	خ	ز	ع	ه	گ	ڏ	ت	ا	ف	آ	گ	ي	ڪ
ڙ	ر	ث	ا	ف	ر	ا	چ	ر	ڪ	ع	ق	ن	س
ي	ق	ٻ	پ	د	س	ر	ئ	ا	و	ٿ	س	ڳ	ج
ڦ	ب	ي	ض	س	س	ڪ	م	ڦ	ٿ	ڪ	ر	ف	ج

سرگرم
بيڪٽيريا
هڏا
ڪلينڪ
ڊاڪٽر
پچڙ
عادت
اونچائي
هارمونز
ٻُڪ

زخم
دوا
عضلات
اعصاب
فارميسي
ريفليڪس
چمڙي
علاج
وائرس

51 - Town

م	ل	ظ	ف	س	ا	ي	ئ	ر	پ	و	ر	ٽ	ک
ي	ا	ج	ا	ا	ئ	ک	آ	پ	ط	ک	ن	ئ	ب
و	ئ	و	ب	آ	ر	ن	غ	ص	ش	ن	ب	ُ	ي
ز	ب	ق	ف	د	م	م	ي	ر	ک	ي	ب	ظ	ٽ
ي	ر	ڇ	ل	ٽ	و	ه	ي	م	ڇ	ل	خ	ب	ي
م	ي	غ	و	ر	ح	غ	ڦ	س	ا	ک	پ	ک	ٽ
ا	ر	ڙ	ر	م	ٽ	آ	ُ	ڙ	ي	ک	ڻ	ا	ر
س	ي	ج	س	م	ي	پ	ڏ	ُ	ک	غ	ت	س	ٽ
ٽ	ذ	ف	ٽ	ي	ک	ر	ا	م	ر	پ	س	ٽ	ا
و	ا	آ	ت	ٻ	ر	ج	پ	د	ض	ذ	ٽ	و	س
ر	ک	ض	ک	ي	ا	ل	ي	ڍ	ق	ب	ص	ر	ک
ڏ	ت	ڏ	ص	ٽ	م	ڍ	ي	ٽ	ح	ج	ص	ڌ	و
ز	و	ي	م	س	پ	ڏ	غ	گ	ح	ط	ڙ	چ	ل
ر	ا	ش	ذ	ا	ی	و	ن	ی	و	ر	س	ٽ	ی

ايئرپورٽ
بيڪري
بئنڪ
بڪ اسٽور
سئنيما
ڪلينڪ
فلورسٽ
گيلري
هوٽل
لائبريري

مارڪيٽ
ميوزيم
فارميسي
اسڪول
اسٽيڊيم
اسٽور
سپر مارڪيٽ
ٿيٽر
يونيورسٽي
زو

52 - Antarctica

م	ع	د	ن	ي	ا	ت	ه	ز	ظ	ڳ	ج	ب	گ
ث	ي	غ	ق	ک	غ	ش	ه	ڳ	ل	د	ا	ب	ل
ڪ	س	س	پ	ي	ن	گ	و	ئ	ن	ز	گ	ژ	ي
ش	ن	پ	ڦ	ع	ا	ط	ک	ڀ	ش	ٿ	ر	ڃ	ش
ٻ	ئ	ٿ	م	ا	ل	م	ي	ر	ي	پ	ا	ر	ي
ن	ا	ٻ	ي	ل	و	ح	ا	م	و	و	ف	ا	ئ
ز	س	ڊ	چ	ن	س	ق	آ	غ	ر	گ	ي	ڪ	ر
ا	ل	ج	پ	ٻ	ن	ق	ُ	ش	ز	ر	ن	ي	ز
ت	ذ	ڻ	ھ	ي	ن	ٿ	گ	ڃ	ن	ا	پ	ش	ڪ
ب	ي	ا	ي	ٿ	ي	ڪ	غ	ر	ڪ	ف	ڻ	ک	گ
ج	ج	ل	ل	د	پ	ک	ڦ	ٻ	م	ي	ڃ	ح	ي
ز	ڃ	پ	و	غِ	پ	ا	ڻ	ي	ڃ	ي	ٿ	ط	ص
ڪ	ف	ڏ	گ	ُ	ڦ	ڻ	ع	چ	غ	ٻ	پ	ب	ڃ
ڄ	ظ	ل	ض	ع	ٻ	خ	ڪ	ف	ٿ	غ	ک	د	ي

بي.اي
پکي
بادل
ڪنزرويشن
ڪنٽيننٽ
ڪوهه
ماحول
جاگرافي
گليشيئرز
ٻيٽ
لڏپلاڻ
معدنيات
پينگوئنز
پيننسولا
محقق
راڪي
سائنسي
گرمي پد
ٽپوگرافي
پاڻي

53 - Ballet

ا	چ	آ	و	ي	پ	ذ	ت	ا	ل	ض	ع	م	ص
ي	ف	ا	ر	گ	و	ي	ر	و	ک	ئ	ه	ش	ي
ژ	ٹ	ث	ا	ث	ذ	ق	ا	ل	ژ	ُ	ٹ	ق	س
ر	ق	ص	ش	و	س	ف	ه	ش	د	ت	ٹ	گ	ا
س	پ	ت	ا	ج	ا	ث	م	ا	ن	م	ت	آ	م
ک	م	پ	و	ز	ر	گ	ک	ن	ک	ت	ح	ب	ع
ش	ب	ي	ث	ر	ث	ک	گ	د	ر	ا	ث	ر	ي
آ	ذ	ص	ي	س	س	م	پ	ا	ه	ل	ق	ث	ن
س	گ	ت	ک	ن	ي	ق	و	ز	ا	ث	ک	ق	ز
ح	ذ	ض	ن	ا	ک	ث	ث	س	ظ	ث	م	ض	ا
پ	ي	ا	ي	ڊ	ر	ب	ق	ک	ي	ذ	آ	ق	پ
ق	ص	ي	ک	ُ	آ	د	ع	گ	گ	ق	ج	ذ	ث
چ	و	ب	ت	چ	ذ	د	ف	ث	ک	ئ	ي	ج	ص
غ	ک	غ	ظ	و	ف	ط	گ	و	ا	ُ	ط	ط	ڏ

آرٽسٽڪ
سامعين
ڪوريوگرافي
ڪمپوزر
ڊانسرز
ظاهر ڪندڙ
اشارو
رحمدل
شدت

عضلات
موسيقي
آرڪيسٽرا
مشق
تال
مهارت
انداز
ٽيڪنيڪ

54 - Human Body

ه	ر	ڇ	ڦ	ر	ط	س	گ	پ	ط	ڄ	د	م	ظ
ص	ي	س	م	ت	ش	آ	ف	ڳ	ٿ	ن	ڪ	ن	ج
س	ف	ڊ	و	ڙ	ٿ	ن	گ	ڇ	ڄ	ز	ن	ه	ڇ
ڀ	ئ	آ	ڳ	ر	ي	ڪ	د	مُ	ا	غ	ڀ	ن	ڃ
ڳ	ن	ٻ	ڇ	ڀ	ي	ٿ	ڳ	ُ	ٻ	و	گ	ڇ	ٿ
ڌ	ُ	ڇ	ڌ	آ	ا	ڌ	ن	ڪ	ڀ	ٻ	ٻ	غ	ڀ
ا	ُ	ل	ڀ	س	ڇ	ن	ڪ	ڻ	ڀ	ٿ	ي	ش	ذ
گ	ي	د	ح	ئ	ٿ	ڇ	س	ڌ	ڃ	ا	ا	ڃ	ذ
ئ	ٿ	و	ق	حُ	ڀ	ج	ف	ن	ڳ	م	ا	ڀ	ت
ق	ڻ	ذ	ڪ	ُ	غ	ڃ	ل	ج	ڇ	ٻ	ج	ڪ	س
ش	ُ	ٿ	ق	ٿ	ش	ش	غ	ه	د	ٻ	غ	ص	ڍ
ڀ	ڊ	ه	ت	ڻ	ظ	ئ	ي	ئ	ڃ	ل	ض	ڎ	ڪ
ڳ	ڻ	ڊ	ڎ	ذ	م	ڇ	ڪ	ڪ	ڀ	ٿ	خ	ٿ	ڃ
ح	ا	ڍ	ڪ	ا	ع	ڦ	ڦ	چ	گ	گ	ر	د	ن

پٽي
رت
هڏا
دماغ
ڇڻ
ڪن
ڪنڀ
منهن
آڱر
هٿ

هيڊ
دل
ٽنگ
لپس
ماٿ
گردن
نڪ
ڪنڌ
چمڙي
پيٽ

55 - Musical Instruments

ج	ڳ	ئ	د	ڈ	س	ي	ط	ذ	گ	ن	و	گ	ت
م	ر	ڊ	ط	ھ	پ	ن	ث	م	غ	ل	چ	ن	ا
چ	ظ	چ	پ	ز	ک	م	ر	خ	و	ئ	ح	ج	م
ن	و	س	ا	ب	ل	س	ک	ن	ح	ا	ع	م	ب
و	ن	ل	ع	ف	ر	ث	ر	م	ب	و	ن	چ	و
ف	ا	م	ا	ر	ي	ب	ا	ق	ا	ڊ	خ	غ	ر
س	ي	ج	ض	خ	ن	ٿ	ث	ث	و	ڳ	ب	ف	ي
ک	پ	ڳ	پ	ض	ث	ظ	گ	ل	ک	ک	چ	س	ن
ا	ي	ر	س	ن	ا	ب	ي	چ	رِ	ج	ت	ھ	س
س	ص	پ	ر	ا	ه	ن	ق	د	ِ	ذ	ر	ج	ع
ھ	غ	ث	ب	خ	ط	ق	ج	چ	پ	چ	م	ح	م
ک	ف	پ	ن	ب	ٻ	ث	ي	ي	ظ	و	پ	ق	ز
ص	ف	ف	ج	ي	خ	ن	ت	ٿ	ُ	ذ	ث	ث	و
ب	ک	ح	و	م	ڳ	ظ	و	س	چ	ذ	ظ	ط	ط

بنجو
باسون
کلرينٹ
ڊرم
بانسري
گونگ
گٹار
هارپ
منڊولين
ماريبا
پَرکو
پيانو
ساکس فون
ٽامبورين
ٽرمبون
ٽرمپٹ
وائلن

56 - Fruit

گ	ڊ	ذ	ع	ر	ظ	ق	ه	م	پ	ق	ص	ر	ک
ن	و	ر	ئ	ي	ر	ي	چ	ي	پ	چ	ث	ڻ	خ
ا	گ	و	ڈ	ج	غ	ث	ت	ل	ي	چ	ي	ل	ڃ
ر	ن	ق	ا	ن	ا	ن	ب	و	ا	ر	ر	ُ	ي
ي	م	ز	ڄ	ا	ڇ	ط	ڄ	ن	ق	ا	ي	ڨ	ا
ل	ث	غ	ژ	ڨ	پ	ف	ڈ	ل	غ	س	ب	ڻ	ن
ڻ	ڌ	ث	ا	گ	ق	ڨ	ڊ	آ	ب	ب	ک	ر	ن
ز	ض	ک	ذ	ي	ڌ	ئ	ذ	ڊ	ص	ي	ڳ	ح	ا
ش	ق	ل	ڻ	ظ	پ	ا	پ	ج	س	ر	ٻ	ث	س
ن	ا	ر	ن	گ	ي	ل	ڊ	ع	ٻ	ي	ي	گ	ث
ل	ي	م	و	ن	پ	ک	ي	ن	ث	ا	ل	و	پ
ڇ	و	ڇ	ڄ	ت	ت	ي	ل	ڨ	د	ڊ	ت	ئ	آ
پ	ڨ	ک	ت	آ	ڇ	ز	ئ	ع	ج	ئ	ح	ڄ	ژ
ن	ى	ک	ا	ر	ا	ئ	ن	ر	و	گ	ن	ا	و

ايپل
بنانا
بيري
کينٽالوپ
چيري
ناريل
انجير
انگور
گووا
ليمون
ليچي
منگو
ميلون
نيکارائن
نارنگي
پپيا
آڑو
پيئر
اننناس
راسبيري

57 - Engineering

ُ	ر	ک	ز	ھ	ب	ُ	ئ	ق	ٹ	ل	ڻ	ڈ	ح
ع	م	ص	د	پ	ڨ	پ	ا	پ	چ	ب	ن	ي	س
ي	ئ	ا	ن	ا	و	ت	ڎ	ر	ا	ظ	ڻ	ز	ا
ح	م	ا	ر	گ	ا	ڈ	ن	ک	ن	م	ح	ل	ب
ي	ج	چ	م	ک	ر	و	ي	ل	ج	و	غ	ڑ	ک
ط	چ	ز	ا	ح	ب	پ	ش	پ	ڻ	ٹ	ر	غ	ت
ا	ڻ	ڈ	ک	غ	چ	چ	م	ي	ٹ	ر	ت	ب	ا
ق	ک	س	ح	ڈ	ک	ب	ع	ي	ي	ط	ڻ	ط	ب
ت	ر	ڻ	ت	ي	چ	خ	و	د	چ	ق	پ	ص	ٹ
خ	ت	ض	س	ط	ٹ	ک	پ	ر	پ	چ	آ	ٹ	و
ا	ٹ	ق	ا	ش	ڎ	ج	چ	ُ	ر	ک	ک	ف	چ
س	ت	پ	س	چ	چ	خ	ع	پ	س	ڨ	پ	س	ٹ
ب	ف	س	ر	ي	م	ع	ت	چ	ا	ٹ	پ	ذ	ع
ا	ذ	گ	ص	ُ	م	ا	م	ا	پ	ذ	چ	ح	ى

انجڻ
ليور
مائع
مشين
ماپ
موٹر
استحکام
طاقت
ساخت

کند
حساب کتاب
تعمير
ڈيپٹ
ڈاگرام
قطر
ڈيزل
تقسيم
توانائي

58 - Kitchen

ڄ	ث	چ	ب	ا	ڨ	ژ	و	ٹ	م	ر	ج	ب	ف
ڌ	س	م	خ	ث	ا	ڎ	ق	ص	ف	ه	ڪ	و	گ
ت	ه	چ	ڨ	ث	ث	ڃ	ا	ا	ن	ج	ر	ڃ	ب
ط	ص	ا	ڪ	ي	ث	ل	چ	گ	ڳ	ڪ	ظ	چ	ث
ش	پ	ب	گ	ز	ح	ي	ي	ا	س	پ	ن	ج	پ
س	ک	ا	ڌ	و	ژ	ر	ذ	ئ	ڌ	ض	د	ل	ڳ
گ	ث	ڳ	ر	و	ج	گ	ل	ي	گ	ز	ڇ	ش	ک
ض	ا	ض	ه	ڎ	ت	ل	ي	ڌ	ل	ڌ	ڇ	گ	ب
خ	ت	ق	ث	ن	پ	ي	ل	ب	ي	پ	ب	ي	غ
ر	ي	ف	ر	ي	ج	ي	ر	ي	ث	ر	ڇ	ڎ	ا
ڄ	ڃ	چ	و	پ	س	ث	ڪ	پ	ف	ز	ڌ	ب	ح
خ	ذ	ل	د	ک	ذ	ص	ُ	ب	س	ي	ژ	ل	ن
ق	ا	ه	ن	ن	ح	ڪ	ن	ٹ	گ	ر	گ	ي	ت
د	گ	ئ	ت	آ	ط	ش	و	و	ئ	ف	ص	ه	ژ

ٻلي
چوپسٽڪ
ڪاڏو
فورڪس
فريزر
گريل
جهر
جهنگ

ڪيٽل
چاقو
نيپڪن
تندور
ريفريجيريٽر
مصالحو
اسپنج
چمچا

59 - Government

ج	ک	ر	آ	آ	ج	ي	ز	ک	ع	ت	ف	ئ	ل
ُ	ف	ٿ	ئ	ف	ص	ڻ	ض	د	ظ	ط	ک	ٻ	ق
س	م	ي	ڻ	پ	ه	چ	ا	م	و	ق	پ	ٻ	ف
ق	ن	د	ڊ	ا	ڻ	ل	ڄ	ئ	س	ٿ	ڻ	ڍ	ڇ
ڃ	م	ا	ظ	ت	ت	ق	ا	ن	و	ن	ئ	ي	ڙ
ف	ا	ز	ص	ي	ڌ	ص	و	ڊ	ل	ب	ح	ث	ز
ن	ر	آ	ث	ر	ي	ر	ق	ت	ب	ر	ٿ	ش	ن
آ	پ	ي	ج	و	ج	ڏ	ڏ	چ	ا	ا	ا	ق	ڌ
ئ	ظ	ذ	ق	ه	ڇ	ز	س	گ	ک	ب	ن	ب	ق
ح	م	خ	ش	م	ض	ه	د	ت	ن	ر	ص	و	گ
ق	خ	ڪ	م	ج	ز	ا	س	ڍ	ر	ي	ا	س	ت
ت	س	ا	ي	س	ي	ه	ٿ	ڙ	ڇ	ب	ف	ڳ	ن
ڪ	ت	ڏ	ک	ح	ز	ڏ	ڙ	ڊ	ف	ڌ	ق	م	ق
ت	ى	ر	ه	ش	ر	ق	ح	ل	ز	ض	ج	ب	ح

شهريت
سول
آئين
جمهوريت
بحث
برابري
عدالتي
انصاف

قانون
آزادي
يادگار
قوم
پرامن
سياست
تقرير
رياست

60 - Science Fiction

ڏ	ڪ	ص	ڃ	گ	ص	ب	ڪ	ڙ	ط	ٿ	ش	ف	ط
ُ	ح	ض	ع	آ	ظ	ڌ	ڻ	د	ڙ	ي	ا	ڀ	ا
ڻ	ب	ب	ڙ	ڦ	گ	م	ڙ	ٿ	ر	ڪ	ن	م	ت
س	ٿ	ڦ	ل	ظ	ل	ا	ش	ڍ	و	ن	د	س	ض
ئ	ڇ	ز	ڳ	ل	ي	ڪ	ل	ر	ب	ا	ا	ت	ح
ن	ڪ	ت	ا	ب	ڪ	و	ڦ	غ	و	ل	ر	ق	ڌ
ي	ل	ا	ي	خ	س	غ	و	ُ	ٿ	ا	ا	ب	ٿ
م	ئ	ل	ب	غ	ي	ڳ	ٿ	ف	د	ج	ر	ل	ه
ا	ڪ	ا	ي	پ	و	ٿ	و	ي	ظ	ي	س	ج	ض
ڙ	ٿ	ي	ه	س	ي	ا	ر	و	غ	خ	ا	ي	ب
ذ	ڳ	ن	م	ت	ش	ط	ڇ	ص	ڃ	ذ	ر	م	ف
ڦ	ن	د	آ	ي	ن	ض	ُ	ظ	ف	ن	پ	ٿ	ع
ز	ز	ف	ر	پ	ڪ	ا	ي	پ	و	ٿ	س	ي	ڊ
ه	ع	ب	ا	ه	ه	ل	ل	ح	ل	ُ	ض	ا	ص

ايٽمي
ڪتاب
ڪيميڪل
سئنيما
ڊيسٽوپيا
ڏماڪو
انتهائي
شاندار
ٻاهه

مستقبل جي
گليڪسي
خيالي
پراسرار
سيارو
روبوٽ
ٽيڪنالاجي
يوٽوپيا
دنيا

61 - Geometry

ث	پ	ب	ب	چ	ح	ٽ	ج	ُ	ٿ	ر	ط	د	ي
ل	پ	ف	چ	م	س	ت	آ	چ	ل	ح	ج	ا	ڏ
ث	ٿ	ڊ	ج	ي	ا	ا	پ	ٿ	چ	س	ٿ	ئ	ن
م	ي	ڊ	ي	ن	ب	س	م	ي	ٿ	ر	ي	ر	ظ
ا	ق	ه	ر	ز	ڪ	ع	چ	ئ	گ	ٽ	ز	و	ر
س	ف	ذ	چ	ل	ت	ڍ	ج	ا	ق	ڦ	ط	ئ	ي
ڪ	ا	گ	ا	ڍ	ا	آ	ڪ	چ	ج	ح	ج	ٿ	و
و	س	د	ٿ	ا	ب	ت	ڪ	ن	م	ن	ط	ق	و
ا	ي	ي	م	ٿ	ا	ع	ٿ	و	ڊ	ي	ج	ر	ڪ
ئ	گ	ت	ن	ا	س	ب	م	ا	ٻ	ل	ذ	ت	ر
ر	م	ٽ	ر	ڊ	ز	ق	س	و	ط	س	ق	ر	ع
ر	ي	ڏ	ر	ٽ	غ	ظ	ز	ڙ	د	گ	ط	ي	ڦ
ت	ن	م	ت	و	ا	ز	ي	پ	ا	ي	ر	ش	ص
ن	ٿ	ڏ	ڏ	آ	آ	ص	ب	آ	ئ	ڙ	ڪ	د	ه

ڪنڊ
حساب ڪتاب
دائرو
وڪر
قطر
اونچائي
افقي
منطق
ماس
ميڊين
متوازي
تناسب
سيگمينٽ
اسڪوائر
مٿاچري
سميٽري
نظريو
مثلث
عمودي

62 - Creativity

ک	ي	ٻ	ب	ُ	ڪ	ٿ	ي	م	ا	ر	ٻ	آ	ح
ص	ز	ڎ	ن	ظ	ا	ر	ا	ه	ظ	ُ	ض	ئ	ي
پ	ز	ر	پ	ح	ا	ل	آ	ا	ه	آ	گ	ي	ا
ش	ٿ	چ	ظ	ڦ	ا	ي	ع	ر	ا	ٻ	ر	ٻ	ت
د	ف	آ	پ	ن	ن	خ	ج	ت	ر	ي	ه	ي	ي
ت	ق	ا	د	ص	س	ت	ش	ا	ا	ٿ	غ	ا	ا
ف	ح	ڪ	ح	س	پ	ز	ق	ب	د	ح	آ	ز	ت
ڦ	پ	ا	س	ر	ا	ٿ	ٿ	ذ	ب	ڪ	س	ڪ	ي
ٻ	ي	ب	ض	ئ	ئ	ع	ل	ج	غ	ٿ	ن	ا	ش
ه	ز	ض	ظ	و	ر	غ	ت	ظ	ي	س	خ	د	س
ي	ع	ڎ	ق	ي	ي	ژ	ڎ	ز	ش	ٿ	و	ل	ژ
ٿ	ف	ط	خ	چ	ش	ڪ	ظ	ُ	ش	ر	ط	ڦ	پ
ڪ	ح	ڇ	ح	ت	ن	ح	ٻ	ر	ٻ	آ	ظ	ڦ	ڪ
ڄ	خ	ڦ	ل	خ	ژ	ب	ڻ	ُ	ب	ه	ژ	چ	ز

آرٽسٽڪ
صداقت
وضاحت
ڊراميٽڪ
جذبات
اظهار
آئيڊياز
تخيل
انسپائريشن
شدت
ايجاد ڪندڙ
احساس
مهارت
نظارا
حياتياتي

63 - Airplanes

ع	پ	ر	ع	ٹ	ج	ن	ا	ط	ط	ذ	ق	ه	ج
ذ	ث	ع	م	ق	ل	ج	ت	ي	ا	د	ه	ژ	پ
غ	ژ	ڈ	ل	ي	ت	و	گ	م	ئ	ف	ص	ٹ	آ
ج	ي	ف	د	چ	چ	ر	ت	ڈ	س	ر	چ	ُ	ه
ث	ل	ئ	ا	پ	گ	ب	ک	گ	ق	ا	ذ	ن	ئ
ظ	ا	ژ	ر	چ	ن	ي	و	ب	ي	ا	ف	ث	ق
ٹ	و	چ	ي	ت	ب	ئ	ر	س	آ	چ	خ	ر	و
ض	ن	ڈ	م	ا	ن	ا	ا	ط	و	ف	ا	ن	ث
ڈ	چ	ص	ع	ک	ي	ه	ب	ز	پ	د	چ	ٹ	ک
ت	ا	ُ	ت	ب	ل	ح	غ	ڈ	ي	خ	چ	ج	ح
ا	ئ	پ	ر	و	پ	ي	ل	ر	و	ب	ف	ض	ا
ر	ي	ف	ي	ذ	ض	چ	ز	ث	و	ف	ع	س	چ
ي	چ	ذ	ب	آ	ذ	پ	ن	ڈ	ف	ا	ث	ز	ض
خ	خ	ر	گ	ح	ت	ط	ى	ض	ُ	ذ	ث	ژ	ش

ايدوينچر
ايئر
فضا
غبارو
تعمير
عملدار
ديزائن
هدايت
انجڻ

تيل
اونچائي
تاريخ
هائيڊروجن
لينڊنگ
مسافر
پائلٽ
پروپيلر
طوفان

64 - Ocean

ا	ج	ص	ش	ٿ	د	ح	ج	ل	ُ	آ	ف	ڳ	ڪ
ڌ	و	ن	ف	ل	و	ٻ	ز	ش	ڍ	ڪ	چ	س	ٿ
ت	م	گ	پ	ا	و	ط	خ	ظ	ڃ	ٿ	ق	ڪ	ڄ
ڄ	ا	و	ي	س	ٿ	ر	و	ڄ	ُ	و	ق	ُ	ڀ
ذ	ڃ	خ	ا	ي	ا	ي	ل	ف	ظ	پ	ر	ب	ڀ
ٿ	ُ	ح	ن	م	ا	ڇ	ي	ڇ	ا	س	ج	غ	ع
ڻ	ٻ	ڌ	و	ڪ	ظ	م	ه	ٻ	ڳ	ن	ر	ڙ	ڌ
ڙ	ي	ع	ٿ	ض	ي	ل	و	ئ	ڪ	ق	ر	ف	ف
پ	ڙ	ڦ	ڌ	س	ٻ	ي	ئ	ا	ٿ	و	چ	ڄ	ڙ
ُ	ي	ئ	آ	ل	ش	ج	ض	ڃ	ص	ڻ	ر	ڦ	گ
ر	ي	ف	ت	ب	ي	ل	ف	ي	ي	ب	ڄ	ل	ٻ
ٿ	د	م	ڇ	ي	ش	ا	ر	ڪ	غ	م	ڄ	خ	ُ
پ	ط	ٿ	ٻ	ظ	ڪ	ظ	ذ	ٻ	ٿ	ن	ط	ض	ٿ
ڙ	ل	ڙ	ي	ح	ی	ض	ي	د	آ	ن	و	ب	ڌ

ٻيڙي
ڪورل
ڊولفن
اي ايل
مڇي
جيل مڇي
آڪٽوپس
اويسٽر
ريف

سالٽ
شارڪ
اسپنج
طوفان
ٽائيڊس
ٽونا
ڪمي
موج
وهيل

65 - Birds

ط	ٻ	ض	ڌ	ص	چ	ذ	ل	پ	ي	ي	ھ	م	س
ي	ئ	گ	پ	س	ح	ن	ت	ت	ڃ	ڙ	ٻ	ز	ئ
ڇ	خ	ط	م	ٽ	د	ش	ڀ	ن	ح	ُ	ڪ	ذ	ڄ
ڃ	آ	ن	ش	ھ	ھ	ح	ز	چ	د	ف	و	ڪ	ڍ
و	ر	و	م	ڌ	و	ڈ	ج	چ	گ	ن	ڪ	و	ٽ
گ	د	ا	ک	ل	ب	ط	ز	ر	ٺ	ڪ	و	ب	ڌ
ن	ل	و	ر	ر	ا	پ	س	ا	ڪ	ي	ن	ر	ي
م	پ	ن	م	ٻ	ق	ي	ٺ	م	ڦ	ل	ر	ڄ	ئ
ي	ي	ا	غ	ي	ع	ر	ج	ت	ئ	ي	ب	ڳ	ي
ل	ن	ڪ	ه	ي	ر	و	ن	ي	ذ	پ	ط	س	ف
ف	گ	ر	ڙ	گ	ن	آ	و	ٿ	ج	آ	و	و	ص
پ	و	ٽ	ل	ھ	ک	ل	گ	ک	د	ي	ط	ا	م
ٽ	ئ	س	ڦ	ٻ	ُ	ڪ	و	ڙ	پ	ل	ا	ن	ذ
ش	ن	ا	ٿ	ر	ٿ	ر	س	آ	س	ٽ	ر	ى	چ

ڪينري
ڪڪڙ
ڪانو
ڪوڪو
ٻُڪ
عقاب
اي جي جي
فليمنگو
گوس
گل
هيرون
آسٽريچ
طوطا
مورو
پيليڪن
پينگوئن
اسپاررو
اسٽرڪ
سوان
ٽوڪن

66 - Nutrition

ف	ز	ڎ	گ	چ	و	ع	ج	ن	س	ک	و	ث	ڎ
ز	ر	ا	ي	ع	م	ا	چ	ث	ق	ي	ژ	ي	غ
ر	ت	م	ت	چ	ي	د	ف	ع	ش	ل	ک	ر	ې
ٹ	ب	چ	ي	آ	ج	ت	ک	و	ث	و	م	ب	
ص	گ	ٹ	ئ	ن	ز	و	ک	ش	چ	ر	ض	ي	ئ
ث	ه	چ	ا	ذ	ث	ن	ص	ح	ت	ي	آ	ئ	م
ص	س	و	ذ	ک	ي	ي	آ	غ	پ	و	آ	ا	ش
چ	و	م	غ	ق	ب	س	ش	خ	ر	ن	ئ	ه	ث
ب	چ	ث	ط	گ	ظ	م	ه	ن	و	ز	ض	و	م
ئ	ق	ئ	ا	ل	ٹ	ئ	ا	ک	ث	ا	گ	ب	ع
ه	ک	ذ	ع	ڌ	ف	ک	و	پ	ي	و	س	ر	ص
خ	ض	س	ئ	ق	ڌ	ث	خ	ل	ن	ت	ر	ا	ه
ج	ن	م	ا	ث	و	ق	ئ	ا	ذ	م	پ	ک	س
آ	د	ن	م	ت	ح	ص	آ	ج	ي	ج	ش	غ	ک

خواهش
متوازن
کڑو
کیلوریون
کاربوهائیدریٹ
هضم
کائڻ لائق
فرمینٽیشن
ذائقو
عادتون

صحت
صحتمند
مائع
غذائیت
پروٹین
معیار
ساس
ٹوکسن
وٹامن
وزن

67 - Hiking

ئ	ش	ث	س	ح	ھ	ت	ر	ط	ف	س	س	ا	ق
ت	ن	ج	ب	خ	د	ڦ	ي	ڃ	آ	م	س	و	م
ڇ	ي	س	ڪ	ر	ا	پ	ٽ	ا	ڃ	ر	ج	ر	ڙ
ل	ٻ	ٿ	ر	ڃ	ي	ع	ا	ڳ	ر	ڪ	ڪ	ي	ق
س	ت	و	د	س	ت	س	پ	ٽ	ر	ي	ط	ن	د
غ	ي	ب	ُ	و	و	ئ	خ	و	ث	و	ٻ	ٿ	ٿ
ڙ	ٿ	ر	ڄ	ٻ	ن	ڄ	ڄ	ي	ٻ	ڇ	ٿ	ي	ا
ذ	ر	ر	ا	ا	ُ	ا	ب	ت	ٿ	ڳ	ي	ش	خ
ت	و	ص	ٿ	ڪ	ل	ن	ل	ڃ	ڪ	ن	ر	ن	ڙ
ٿ	ا	ڳ	ٻ	ڃ	ڪ	و	ط	ن	ل	پ	ڃ	ص	ب
ا	ئ	ئ	ر	ٽ	ج	ر	ڏ	آ	ف	م	ٿ	م	ڏ
ض	ل	ز	م	ط	ٿ	ئ	ر	ھ	س	ي	ح	ر	ھ
م	ٻ	پ	س	د	ڙ	ر	ٽ	ت	ڄ	ڪ	غ	ص	ز
ڙ	ڪ	س	ش	ص	ش	خ	ڃ	پ	ش	ی	ٻ	ڇ	ق

جانور
بوٽس
ڪيمپنگ
ڪلف
موسم
هدايتون
ڳرو
جبل
فطرت
اورينٽيشن
پارڪس
تياري
پٿر
سج
ٽڪل
پاڻي
وائلڊ

68 - Professions #1

م	ک	ا	ر	ټ	و	گ	ر	ا	ف	ر	ت	م	ف
چ	و	ک	چ	ک	پ	ه	ب	ډ	ا	ک	ټ	ر	ا
ي	ڌ	س	گ	ت	ر	ژ	م	آ	پ	چ	ح	س	ر
ا	ا	ُ	ي	آ	ع	ص	ل	ر	س	ن	ا	ډ	م
ڨ	پ	ط	ر	ق	ظ	ک	پ	ټ	ق	چ	ل	ڎ	ا
ک	ه	ک	ا	س	ا	ض	ج	س	ي	چ	م	ط	س
ژ	ف	ظ	ک	ک	ف	ر	ټ	ټ	آ	ل	ژ	ڌ	س
ح	ژ	س	ش	ڨ	ل	ي	ک	و	چ	ُ	ټ	د	ټ
ز	ي	و	ر	ا	چ	ع	ر	ط	ي	ُ	ک	ي	ش
پ	س	پ	پ	ي	ي	ب	ئ	ن	ک	ر	پ	چ	ا
ف	ه	ق	ن	ډ	س	ا	ئ	ن	س	د	ا	ن	ت
ف	ذ	ُ	ر	ي	ي	ح	ض	ټ	چ	ز	پ	ل	ک
ک	ب	ګ	س	ټ	س	ج	و	ل	و	ي	ج	ع	ڎ
ن	ُ	چ	ڎ	ر	ټ	ئ	ا	ف	ر	ئ	ا	ف	ح

سفير
آرټسټ
ايټليټ
وکيل
بئنکر
کارټوګرافر
کوچ
ډانسر
ډاکټر
ايډيټر

فائر فائټر
جيولوجسټ
شکاري
زيور
موسيقار
نرس
فارماسسټ
پلمبر
ملاح
سائنسدان

69 - Barbecues

ش	ح	ف	ب	چ	ک	ف	د	ک	ث	ذ	ش	ي	ئ
ض	ث	ف	ُ	ا	ه	و	ټ	و	ث	ا	م	ث	ذ
چ	ر	ه	ک	ق	ش	ر	م	س	س	پ	ظ	ک	ل
ل	ن	چ	ې	و	گ	ک	ث	گ	ض	ت	ا	ک	س
ي	ٹ	گ	ي	ق	ي	س	و	م	ر	ٹ	و	ژ	ل
ر	س	ي	ف	چ	ف	پ	ټ	ح	ا	م	و	ج	ا
گ	ا	م	ن	ا	د	ن	ا	خ	ې	ز	ي	س	د
ش	ل	ز	و	ب	چ	ث	ک	ص	س	ژ	م	گ	ج
ُ	ث	ټ	ي	چ	ع	غ	ن	ئ	ش	ت	ج	ب	م
ب	م	ص	چ	ن	ئ	ش	گ	ر	ٹ	ر	ب	ج	د
ق	د	ث	ا	ظ	د	ج	ش	ُ	خ	ط	ڨ	ض	ئ
ي	ق	ئ	پ	ڨ	ث	ُ	گ	ې	س	ا	س	ف	چ
ز	م	ي	ق	ڨ	ر	ي	ې	ج	ي	چ	ح	ه	پ
ڨ	گ	ُ	ط	م	ع	ب	چ	غ	س	خ	د	د	چ

ککڑ
پار
خاندان
کاڈو
فورکس
دوستو
میوو
گیمز
گریل
گرم

بُک
چاقو
لنچ
موسيقي
سلاد
سالٹ
ساس
سمر
ٹماٹو
پاچیون

70 - Vegetables

ش	ي	د	ا	ر	و	ن	ب	آ	ج	ا	پ	ث	چ
ا	ر	ا	ګ	ڄ	ګ	ظ	و	ف	ڌ	د	ا	ز	ع
ل	ل	ل	چ	آ	ر	ث	چ	و	ک	ر	ُ	پ	ګ
و	ي	س	ن	ي	چ	ڄ	س	ڻ	م	ک	ظ	خ	ث
ث	س	ل	ي	گ	ب	و	گ	ک	ن	پ	ع	ڎ	پ
ک	پ	ب	پ	ا	ر	س	ل	ي	ز	ح	ز	ذ	ع
ي	د	ک	س	غ	ب	ج	ه	ظ	پ	ث	و	م	ک
ل	ث	و	ا	ن	ط	ب	ا	س	ي	ز	ث	ع	چ
و	آ	م	ک	ب	پ	ئ	م	گ	ا	ق	ا	ب	ڎ
ک	ک	ژ	ب	ي	گ	ن	ش	چ	ي	ڨ	م	ث	چ
و	ل	و	ع	د	ت	ص	ر	ڎ	ک	ع	ث	ب	غ
ر	ُ	ع	خ	ث	ر	ط	و	ظ	پ	ي	ا	ل	و
ب	و	م	پ	ل	چ	د	م	و	ل	ر	گ	م	ظ
آ	ت	ډ	ر	ئ	ب	ڎ	ي	ث	ڨ	ط	ث	ي	ي

آرټچوک
بروکولي
گاجر
گوبګي
سيلري
ککړ
بيګن
ټوم
ادرک
مشروم
پيالو
پارسلي
پي اي
کدو
راديش
سلاد
شالوټ
اسپينچ
ټماټو
ټرپ

71 - The Media

ق	ن	ع	و	ا	م	ي	ص	ن	ع	ت	ر	ت	ق
ڪ	م	ي	و	ن	ي	ڪ	ي	ش	ن	ز	ٻ	ع	ڦ
ٿ	ث	ز	ي	ا	ٻ	ث	ع	ث	ئ	ج	ر	ل	ٻ
ح	ق	ي	ق	ت	و	ن	ض	ع	ا	و	ا	ي	ٻ
آ	ف	آ	ڊ	ض	ڊ	ذ	ب	ب	ل	ٽ	ي	م	ا
ژ	ض	ق	ظ	ذ	ڊ	ڦ	ظ	ث	ن	غ	ڃ	ه	ش
ت	ر	غ	آ	ا	ڀ	ڀ	ُ	ر	آ	ڳ	ر	ڪ	و
ن	و	ر	ا	ب	خ	ا	ڏ	ا	ش	س	ڏ	ڏ	ڪ
ا	ي	ع	ڳ	خ	ج	د	ژ	ء	ف	ن	ٻ	ن	گ
ي	ش	ٿ	ب	ل	ا	ط	ن	ِ	ڊ	ٽ	ج	ڇ	ٿ
ٻ	ط	ڇ	و	ش	م	ق	ا	م	ي	ب	ڪ	ز	ه
ي	ن	غ	ڃ	ر	ف	ڏ	ڏ	ڦ	ل	ٿ	ي	ڄ	ٻ
ش	خ	ُ	ڇ	م	ڪ	ڦ	ڇ	ڪ	ص	ق	ز	ڀ	ث
ن	ن	ت	ي	ڪ	ر	ى	ٻ	ى	و	ڇ	ع	ُ	ڪ

ڪمرشل
ڪميونيڪيشن
ڊجيٽل
ايڊيشن
تعليم
حقيقتون
فنڊنگ
صنعت

عقلمند
مقامي
نيٽ ورڪ
اخبارون
آن لائن
راءِ
عوامي
ريڊيو

72 - Boats

پ	چ	گ	چ	ت	خ	ک	ر	ژ	م	ع	ج	ک	س
ج	ي	ض	ژ	غ	ط	ُ	خ	ش	ل	چ	و	ڏ	م
ت	ض	ز	گ	ص	ز	ا	ه	ه	ا	ي	ر	د	چ
ز	ف	س	ٿ	ڎ	ز	ي	ا	ب	ح	ک	ق	ڻ	ا
ژ	ج	ت	ب	ڎ	و	ذ	ک	چ	ج	ٿ	ي	ج	خ
ب	ٿ	چ	ئ	ف	س	ي	ل	ب	و	ٿ	ي	ن	ي
ر	ز	چ	ق	ٿ	ي	س	ٿ	پ	م	ژ	گ	ا	و
ظ	ڳ	ٽ	ک	آ	خ	ر	ا	د	ل	م	ع	ٽ	ج
ک	پ	ٿ	ي	ٿ	ل	ک	ي	ٽ	ا	ن	ک	س	ق
خ	ڌ	ط	ک	ا	ظ	ن	ٻ	ڎ	ي	ج	ع	ف	چ
ڳ	د	ڳ	ز	ق	ق	ي	ش	د	و	چ	ق	م	آ
ج	ي	ٻ	ڊ	ج	چ	ا	ج	ص	ر	ڳ	ٻ	ي	ل
ت	ر	ا	ب	ز	ر	چ	ف	و	ز	ي	پ	ب	ڌ
ع	ق	ک	ع	ئ	ک	ژ	ي	ڎ	ق	آ	ل	غ	خ

اينڪر
ڪينو
عملدار
ڊاڪ
انجڻ
فيري
ڪيڪ

ٻنڌ
ناٽيڪل
درياهه
رسي
سيلبوٽ
ملاح
موج

73 - Activities and Leisure

ل	گ	ي	م	ذ	و	ب	ل	ڪ	آ	د	ج	ا	چ
ا	ڇ	و	ڙ	ف	ا	ڪ	ا	ن	ا	ظ	ا	ا	ز
ب	م	ڌ	ل	ف	ل	ي	ب	غ	د	ٺ	ب	ت	ع
ٿ	ٿ	ن	خ	ف	ي	م	س	ا	ب	ر	ل	ٿ	ڇ
ي	ي	ڃ	ٻ	ڇ	ب	پ	ي	ڃ	ش	ا	و	ٺ	ُ
ڪ	ڃ	ن	ح	د	ا	ن	ب	ي	ٿ	م	ن	آ	ب
س	ف	ٻ	س	ٿ	ل	گ	ٿ	و	ط	ي	ح	ي	ا
ا	ڙ	ط	گ	ض	ڏ	ش	ه	و	ي	ڇ	ص	غ	ڪ
ب	و	ڃ	ڀ	ُ	ب	ب	ڇ	ڃ	ظ	م	ظ	ف	س
ٻ	ا	ئ	ي	و	ن	گ	س	آ	ر	ٿ	ئ	ڌ	ن
آ	ب	ي	ز	ه	س	ڻ	ر	ت	ف	ڀ	پ	ج	گ
ڃ	ع	ذ	ٿ	د		ُ	ف	خ	س	ئ	ڪ	ٻ	ڪ
ع	پ	ذ	ف	ڌ	ٿ	ڏ	ن	ڌ	ڀ	ڳ	ل	ڇ	ش
ڇ	س	ا	ڪ	ر	ڇ	ڙ	گ	ڇ	ٿ	ي	ڙ	ف	گ

آرٽ
بيس بال
باسڪيٽ بال
باڪسنگ
ڪيمپنگ
ڊائيونگ
مڇي مارڻ
باغباني
گولف
جابلو
ساڪر
سرفنگ
ترڻ
ٽينس
سفر
والي بال

74 - Driving

س	و	ژ	چ	م	ث	آ	چ	ل	غ	ډ	ب	ټ	چ
ر	ث	ز	ُ	ص	و	ث	د	ا	ح	پ	ت	س	د
ن	ط	ګ	ک	ک	س	ث	ټ	ګ	ا	و	ظ	پ	ُ
گ	ن	پ	ب	ب	ر	چ	ر	و	ي	ئ	ا	ر	ډ
پ	ر	ټ	ف	ح	ف	ل	ا	س	ي	گ	ف	ص	و
چ	ث	ک	خ	غ	ت	ح	ک	ث	ا	ت	ح	ث	ر
گ	ي	ر	ا	ج	ا	پ	ل	و	ر	ئ	ډ	ر	چ
م	ر	ژ	ث	ب	ر	خ	و	ح	ه	ي	ي	ک	س
و	ث	ل	ا	ئ	س	ن	س	ل	ټ	ض	ف	ک	چ
ث	س	پ	ي	ا	د	ل	ک	ي	ي	ف	ډ	ک	ل
ر	ا	ن	خ	ز	چ	غ	ر	ت	گ	س	چ	ت	ض
ح	ص	غ	ق	ُ	ت	ب	ب	ي	ث	ر	چ	چ	و
آ	چ	ټ	د	ث	خ	ط	ر	و	ب	ذ	د	ث	ش
ڼ	س	ع	ُ	گ	ص	ا	ب	ب	چ	ب	ط	چ	چ

حادثو
برکس
کار
خطرو
ډرائيور
تيل
ګيراج
ګيس
لائسنس
موټر

موټرسائيکل
پيادل
پوليس
روډ
حفاظت
رفتار
اسټريټ
ټريفک
ټرک
سرنګ

75 - Professions #2

ب	چ	ط	چ	ف	ج	ج	ا	ل	د	ڙ	ُ	ب	ق
ا	ڙ	گ	ٺ	و	س	ا	ن	ا	ر	ٺ	ن	ي	پ
ي	آ	ط	ڳ	ٿ	ڄ	س	ج	ئ	م	ڇ	ع	ج	ٻ
و	غ	ب	ڦ	و	آ	و	ن	ب	ر	ح	ف	ڌ	ئ
ل	ص	ٻ	د	گ	ر	س	ي	ر	ا	پ	ڪ	ا	ٻ
و	ڌ	ه	ڪ	ر	ڃ	ب	ئ	ي	ف	ض	ب	ظ	ح
ج	غ	ڳ	م	ا	ط	ڪ	ر	ر	ٺ	ل	ئ	ا	پ
س	ص	ح	ا	ف	ي	ظ	گ	ي	ر	ک	ر	ت	ٻ
ٿ	ق	ط	ض	ر	ڌ	ر	پ	ن	ا	س	ت	ا	د
ق	ب	ک	ي	غ	ا	ب	ي	ف	س	ل	ف	ي	ک
م	ڦ	ڦ	ر	ٺ	ڪ	ا	ب	و	ج	ن	د	ن	ڏ
و	ڀ	ڳ	ٺ	س	ج	و	ل	و	و	ز	ج	ا	ک
ج	ظ	ص	ق	س	ص	م	ڙ	ٺ	و	ر	ڦ	س	ڦ
د	ڪ	ب	ڻ	ا	گ	ڪ	ى	م	س	ٺ	ق	ل	خ

بايولوجسٽ
ڪيمسٽ
ڏندن جو ڊاڪٽر
جاسوس
انجنيئر
فارمر
باغي
موجد
صحافي
لائبريرين
لسانيات
پينٽر
فلسفي
فوٽوگرافر
طبيب
پائلٽ
محقق
سرجن
استاد
زوولوجسٽ

76 - Mythology

ع	ح	ح	ڃ	ن	ا	م	ي	ا	خ	ک	آ	ط	م
ڻ	ک	ي	ض	چ	ب	و	ر	ي	ه	ن	چ	ئ	خ
ج	ک	آ	ل	ک	ص	ن	آ	ف	ت	و	م	ب	ل
چ	ص	خ	ي	و	و	س	ُ	ئ	ف	ڻ	و	ھ	و
ا	ژ	ح	ث	ظ	ژ	ٹ	د	ڎ	ا	پ	ت	ث	ق
م	و	ج	گ	ن	ج	ر	ڎ	ھ	ق	ژ	ي	ب	ظ
ر	ل	ڎ	ک	ث	آ	ع	ث	چ	ث	ڨ	ل	پ	ي
ت	د	ي	ص	آ	ر	ک	ي	ث	ا	ئ	پ	چ	چ
ا	ب	ث	ج	ث	ا	چ	ر	ز	ڻ	ج	ر	چ	ژ
آ	ج	گ	ت	ن	ح	س	د	و	ظ	ج	و	ذ	ن
غ	ڃ	ث	ق	خ	ب	ت	آ	ڎ	ش	س	ي	ھ	ض
ز	و	ت	ا	ر	ل	ڳ	آ	چ	ز	ن	ي	ف	ژ
ج	ن	ت	ط	ث	ن	ي	ر	ب	ي	ل	ي	ڻ	ر
ب	د	ز	ئ	ذ	ث	ز	ق	ب	ڨ	گ	ک	ق	ج

آرڪي ٽائپ
روپي
ايمان
تخليق
مخلوق
ثقافت
آفت
جنت
هيرو
امرتا

حسد
ليبرينٿ
ليجنڊ
روشني
مونسٽر
موتيل
بدلو
طاقت
ڪنوڻ
جنگجو

77 - Hair Types

ث	د	ھ	ر	ئ	ق	ظ	ڌ	پ	چ	ڦ	ز	ذ	غ
ئ	ڙ	د	ن	ڪ	م	چ	ڀ	ب	ذ	ڙ	ئ	ح	ڏ
د	ڌ	آ	گ	ش	ڙ	ٿ	ٽ	پ	چ	ن	ا	س	ي
ڪ	ھ	ڦ	ي	خ	ب	ا	ل	ڊ	ٿ	ُ	ڏ	گ	و
ا	پ	ڌ	ل	ظ	ھ	س	ص	ح	ت	م	ن	د	ا
ق	چ	ت	د	ھ	ئ	ظ	غ	ب	ح	آ	ڀ	ظ	و
چ	و	و	ل	پ	و	ر	و	ق	ڄ	ص	ڳ	ا	ر
گ	و	ذ	ڦ	ي	ر	ه	ن	و	س	ن	غ	ڏ	ا
ڳ	ش	ج	ط	ڊ	ٿ	ڌ	ھ	ط	آ	ي	ج	ع	ڪ
گ	ن	ر	م	ڌ	گ	ٿ	ظ	آ	آ	گ	ٿ	ز	پ
ئ	س	ب	چ	ت	ڪ	ھ	غ	و	ڪ	ٽ	و	ض	پ
ن	ن	ڍ	و	ه	ل	ٿ	و	پ	ڃ	ڍ	ٿ	ٽ	ا
ق	ض	ڦ	ذ	ڏ	ھ	خ	ط	ت	گ	ڀ	ي	پ	ت
ث	ض	غ	خ	ذ	ا	ڍ	ت	ف	ُ	م	ب	چ	ڦ

بالڊ
ڪارو
سونهري
ناسي
رنگيل
خشڪ
پورو
صحتمند

ڊگھو
چمڪندڙ
ننڍو
نرم
ٿلهو
پتلي
واوي
اچو

78 - Diplomacy

ث	ٻ	ع	ک	ا	ڳ	ڦ	س	غ	ا	ت	ڳ	چ	س
ٻ	ص	ٿ	ڀ	ه	ج	ٿ	ا	ث	خ	م	ٽ	ٿ	ف
ز	ٿ	ش	د	م	ڀ	ز	ل	ح	ل	ع	ڍ	م	ا
ک	ٻ	آ	ا	ن	ي	ل	م	ب	ا	ا	ٻ	ڃ	ر
آ	ٿ	ڀ	د	ڀ	س	پ	ي	ڀ	ق	ه	ٽ	ل	ت
ذ	ق	ٿ	ر	ٻ	ٻ	پ	ت	آ	ي	د	ض	ڏ	خ
ڪ	ر	چ	ا	ٿ	ت	ڏ	ت	ط	ا	و	ت	ذ	ا
م	ظ	ڍ	ر	ا	ر	ڪ	ت	ي	ت	ظ	س	د	ن
ي	س	ت	ق	ٽ	ٻ	ٿ	ک	ا	ن	ص	ا	ف	و
و	ف	س	ي	ڪ	ي	و	ر	ٿ	ي	ا	ي	ٻ	ڀ
ن	ا	ت	ع	ا	و	ن	ل	ڦ	ر	ش	س	ڃ	ن
ٿ	ر	ا	ڪ	ح	ا	ل	ص	چ	ه	ٽ	خ	ن	ڏ
ي	ت	م	و	ڪ	ح	ص	ٽ	م	ش	ذ	ڦ	ر	ا
چ	ى	ه	ى	ڏ	ر	ڀ	ڙ	ذ	ت	س	ف	ى	ر

صلاحڪار
سفير
شهرين
ڪميونٽي
تڪرار
تعاون
سفارتي
بحث
سفارتخانو
اخلاقيات

پرڏيهي
حڪومت
انسانيت پسند
سالميت
انصاف
سياست
قرارداد
سيڪيورٽي
حل
معاهدو

79 - Beach

ک	غ	ص	چ	چ	چ	ُ	آ	ڌ	ل	ڪ	و	م	ص
ڦ	ف	ب	گ	ف	ئ	ر	خ	ڍ	گ	ڄ	ڦ	ظ	ر
و	ھ	ھ	گ	د	م	پ	ڃ	ٿ	و	ٻ	س	ڌ	ي
ڇ	ڪ	د	آ	گ	ڇ	آ	ذ	ڌ	ن	آ	ظ	ڪ	ف
ٿ	ٻ	ن	ڇ	ڃ	ٻ	ج	ض	ل	ط	غ	ن	ڀ	ڀ
ھ	ح	ا	ش	ر	ڀ	ذ	ٿ	ڻ	ڻ	ا	ٿ	ڳ	ي
س	س	س	ک	ڃ	ڻ	ز	ڪ	ک	ٿ	س	و	ڪ	ج
ي	ت	ذ	ج	ٻ	ي	ڙ	ي	گ	ي	و	ڳ	ع	ڪ
ل	ٻ	ن	ي	س	آ	ا	ط	و	ٻ	ع	ا	ت	غ
ب	ا	ک	ج	ک	ڙ	ح	ر	ٿ	ڌ	ط	ڦ	ل	ئ
و	ر	ي	ن	ٻ	ک	غ	ط	ڪ	ڙ	ٿ	ب	ئ	ڇ
ٿ	ي	ڌ	ق	ج	ض	م	ڦ	چ	ڍ	ص	ا	ص	ڀ
ا	ذ	د	ڃ	ش	ط	چ	ط	ڳ	ڙ	ف	ھ	ڇ	ڇ
ج	ھ	ا	م	ٻ	ر	ی	ل	ا	ک	ت	ف	ھ	ح

نيرو	سيلبوٽ
پيڙي	ساند
ڪوسٽ	سينڊل
ڍاک	سج
ٻيٽ	ٽوال
لگون	امبريلا
ريف	موڪل

80 - Countries #1

ا	ژ	ط	ل	ي	ب	ي	ا	پ	ٻ	ب	ئ	ي	ب
س	س	ي	ن	ي	گ	آ	ل	چ	ق	ي	پ	ئ	پ
ر	ن	ن	ه	و	ف	ر	و	م	ا	ن	ي	ا	ا
ا	ک	م	م	ي	ط	ن	م	ز	ر	ي	ژ	ي	ن
ئ	ر	ر	ر	ت	س	ص	ل	ب	ع	پ	م	و	ا
ي	و	ج	ا	ن	و	ب	ي	ي	ر	س	ص	ت	م
ل	گ	ط	ک	ا	ي	ل	ث	ا	ن	ا	ر	ا	ا
پ	ا	ي	ش	م	ن	ز	ذ	ڈ	گ	ڊ	ز	ل	ض
و	ئ	ص	ث	ذ	ز	ظ	ث	چ	ف	چ	ص	ي	خ
ل	ن	س	چ	ڌ	ي	ڌ	ص	ن	ا	ر	و	ي	ل
ي	ذ	آ	خ	چ	ل	و	ث	غ	ض	ه	ف	ح	ه
ن	ڌ	غ	خ	ض	ا	ڊ	ي	ن	ي	ک	ٹ	ح	ڈ
ڊ	ث	ڨ	ث	خ	و	ث	گ	م	ص	ب	ب	غ	ف
چ	ط	ُ	ف	چ	ل	ف	چ	غ	ض	ف	س	ه	چ

برازيل
کينيدا
مصر
فنليند
جرمني
عراق
اسرائيل
اٹلي
لاتويا
ليبيا
مراکش
نکروگا
ناروي
پاناما
پوليند
رومانيا
سينيگال
اسپين
وينزيلا
ويتنام

81 - Adjectives #1

غ	ر	ا	د	و	ب	ش	و	خ	ج	ڦ	ڳ	ھ	ذ
ا	د	گ	ڄ	ظ	ڳ	ٻ	پ	ج	د	ٽ	ر	م	س
ي	ق	پ	ُ	و	ظ	ذ	س	خ	ي	ڦ	و	ن	ج
م	ل	ر	ن	س	چ	ا	ٽ	پ	د	ج	ج	ق	ج
ا	ب	ڪ	ڪ	ي	و	آ	ه	س	ت	ي	ز	ت	ٿ
ن	ا	ش	ز	ن	ُ	گ	م	د	د	گ	ا	ر	ت
د	ق	ش	د	ڙ	ٿ	ص	ه	ه	ط	ص	ڦ	و	ب
ا	ذ	ا	ح	ا	م	ڪ	ا	ن	ي	ڙ	ش	ص	ُ
ر	ه	ب	غ	م	ص	ل	ظ	پ	ت	ٿ	ذ	ب	و
و	ر	ب	آ	ڪ	ز	ھ	خ	و	ش	ٿ	ي	و	م
ڏ	گ	ڦ	آ	م	ف	ئ	ڦ	ٻ	ې	ې	ن	خ	ڃ
آ	ف	ق	و	ل	ي	آ	ڏ	ح	ظ	ڳ	ئ	ش	ل
آ	ظ	ڏ	ڙ	چ	د	ي	ل	ت	پ	س	ج	ڦ	ٿ
ٿ	و	ع	ڪ	ٿ	س	ٿ	ر	آ	ط	ع	چ	ر	خ

امڪاني
خوشبودار
آرٽسٽڪ
پرڪشش
خوبصورت
اونداهو
سخي
خوش ٿيو
ڳرو
مددگار

ايماندار
وڏو
سجاٽپ
اهم
جديد
مڪمل
سنجيده
آهستي
پتلي
قابل قدر

82 - Rainforest

و	ط	ذ	ئ	ا	ن	د	ي	ش	ي	ه	ڊ	ئ	ب
ش	ه	د	ب	ح	ل	ڳ	ک	ي	ٿ	ت	ن	و	ع
ڏ	ه	ق	ن	ت	آ	ئ	ذ	س	ن	د	ٿ	د	آ
س	ا	ي	خ	ر	ش	خ	ز	ڊ	و	ن	ج	م	م
ف	ن	خ	ف	ا	ٽ	گ	ڌ	س	ي	ک	ا	ح	ڏ
ب	پ	ع	ض	م	ف	ي	ل	ڪ	م	س	ل	ب	ي
م	س	و	م	ط	گ	ٿ	ل	ب	ڪ	ڙ	ٿ	ا	ع
ج	ق	و	ز	ن	ي	ب	ي	ف	م	يُ	ا	د	ن
و	ا	ڏ	ڙ	ڙ	ه	ئ	ڳ	ڄ	ج	ُ	ب	ل	غ
ص	ب	ب	ع	و	م	ل	م	د	ڃ	ت	ر	ط	ف
ت	ل	چ	ف	ڳ	ض	ص	چ	ُ	ط	ي	ط	ت	گ
ٿ	ق	ا	ٿ	ک	ظ	ٿ	پ	س	ل	ا	م	ا	م
ڪ	د	ء	ن	ب	ڙ	ن	ک	ڇ	چ	ٽ	ئ	ش	ڄ
ب	ر	ُ	ب	ح	ا	ل	ى	ظ	چ	د	ُ	ڦ	ڇ

ايمفيبينز
پکي
بوٽنيڪل
موسم
بادل
ڪميونٽي
تنوع
انديشي
ماملس

ماس
فطرت
بچاءُ
پناهه
احترام
بحالي
بقا
قابل قدر

83 - Technology

ي	ڄ	ظ	پ	ٿ	ش	ٿ	ُ	ٿ	ل	ڊ	ک	غ	پ
س	چ	ف	ڏ	ي	پ	م	ط	ڏ	چ	ي	ئ	ڌ	چ
ب	پ	ع	ظ	ن	غ	گ	ا	ل	ب	ٿ	م	چ	ل
ش	ع	ڊ	س	ر	ئ	ا	و	ر	ھ	ا	ي	ب	ڊ
ف	ا	ئ	ل	ٿ	ز	چ	م	و	ي	آ	ر	د	ٿ
ڳ	ر	ڻ	س	ن	ڦ	ڄ	ٻ	ب	ر	ا	ا	ڌ	ھ
ڊ	ٿ	ٿ	ٿ	ا	ڌ	ٽ	ڏ	س	س	چ	ٽ	چُ	ا
ا	س	ک	ر	ي	ن	گ	ص	ط	ر	آ	و	ُ	ن
س	ا	ف	ٿ	و	ي	ئ	ر	ئ	ک	ڌ	ڳ	ئ	ڄ
ٿ	ف	ڦ	ق	ڄ	ٿ	ل	چ	ض	ڄ	ڄ	ق	ڳ	ل
س	ي	ک	ي	و	ر	ٿ	ي	ڌ	ف	س	غ	خ	ٿ
ڌ	ڄ	ڦ	ڄ	غ	چ	ا	غ	ف	ح	ر	ل	و	ي
ب	خ	ع	خ	گ	ن	ڻ	چ	چ	ک	غ	ٿ	ز	ڄ
ک	م	پ	ى	و	ٿ	ر	ز	و	ئ	ا	ر	ب	ڊ

بلاگ
برائوزر
کئميرا
کمپيوٽر
کرسر
ڊيٽا
ڊجيٽل
فائل
انٽرنيٽ
پيغام
اسکرين
سيکيورٽي
سافٽ ويئر
شماريات
ورچوئل
وائرس

84 - Landscapes

ع	ر	آ	ا	ڌ	ذ	پ	ح	ڦ	ه	گ	پ	ذ	ڻ
ش	ئ	ب	ي	ح	د	ٻ	ب	ک	چ	ي	ب	ر	ذ
س	ي	ش	س	ض	ر	ي	ن	ي	چ	س	م	ث	ک
ه	ش	ا	ث	آ	ي	د	ا	و	ا	ر	ٻ	ن	ث
گ	ي	ر	و	ج	ا	ل	و	س	ن	ن	ي	پ	ل
ح	ل	ل	ا	ک	ه	ب	ث	و	ا	ک	ن	د	ص
چ	گ	ف	ر	آ	ه	ج	ڻ	ٻ	ت	غ	ا	ر	ز
ک	ک	ل	ي	ر	ئ	پ	ي	ث	س	ت	ش	آ	ح
ح	ث	ک	چ	ل	ح	س	ب	و	گ	ک	ف	ص	پ
ک	و	ه	ه	و	ي	س	ب	خ	ي	گ	ش	آ	ج
ض	ث	ظ	ٻ	ش	ُ	ٻ	ڈ	ر	ر	گ	ت	ي	ج
ڳ	ن	ڌ	پ	ڦ	چ	و	ث	ق	گ		آ	ُ	خ
ط	خ	و	ز	ي	ل	ڻ	ع	ٻ	ڻ	ڦ	ٻ	ق	ڌ
ص	ز	ظ	ڦ	ئ	ث	چ	ڌ	م	غ	ل	د	ئ	ر

بيچ
غار
کلف
کوهه
ريگستان
ايسٹواري
گيسر
گليشيئر
گلف
هيل

آئس برگ
پيٹ
ڍنڍ
جبل
پيننسولا
درياهه
ٽنڊرا
وادي
آتش فشان
آبشار

85 - Plants

ل	ش	ق	ٻ	ڳ	غ	ب	ٿ	آ	د	ح	ب	ت	ع
ڌ	ڏ	ٿ	س	و	ل	ي	ٻ	س	خ	ڳ	ا	ٿ	ٿ
ڳ	گ	آ	ک	م	ٿ	ٿ	ا	ت	ذ	و	غ	ط	غ
ش	ڻ	ت	و	ڻ	ر	و	س	ٿ	ڪ	ي	ڪ	خ	ف
ڏ	د	ٻ	ڌ	گ	ٻ	ٻ	ٿ	غ	ڇ	ک	پ	ت	ل
س	ن	ا	ب	ا	ب	ڄ	ي	ف	ل	و	ر	ا	س
ڳ	ش	ڪ	ش	ه	ي	ب	م	ر	ڄ	ڻ	ع	ظ	ڌ
ئ	ج	ر	پ	ه	ر	ي	ڻ	ض	و	گ	م	ف	ق
ل	گ	م	ش	ا	ي	ن	ٿ	و	ب	ٿ	ا	پ	ھ
ج	ل	ض	ب	ي	ت	س	ڇ	ڇ	ڳ	ح	س	ا	ٿ
م	ح	ب	و	ڻ	ک	گ	ھ	ل	ط	ڇ	ف	ڻ	ا
ط	ا	ت	ق	ڌ	ڇ	ھ	ٿ	ڳ	ڙ	ط	گ	گ	ز
ھ	ا	ٿ	ٿ	و	و	پ	آ	ب	ر	ٿ	ڪ	ط	پ
ج	ب	ج	گ	غ	ڻ	ا	ڌ	و	ٻ	س	ش	ڦ	ھ

بانس
بين
بيري
ٻوٽي
بش
ڪيڪٽس
پاڙ
فلورا
گل
ٻوٽو

پيلو
باغ
گاهه
وڏو
ماس
پٽل
روٽ
اسٽيم
وڻ
ٻوٽي

86 - Boxing

ڪ	ن	ذ	ڃ	ز	ٻ	ٽ	ڄ	پ	ڍ	غ	ٿ	م	ڏ
ڇ	ل	ک	س	ُ	ض	ع	ش	ص	ف	ئ	م	ض	م
ع	ڇ	ڇ	م	ڄ	و	پ	د	ق	و	ض	ڪ	گ	ب
ح	ح	ڦ	چ	ش	ُ	ج	ڳ	م	ڪ	ز	ٻ	پ	ٿ
ط	ٿ	ڌ	ڍ	ت	ت	ڍ	ي	خ	س	ڃ	ڃ	و	ٻ
ڙ	ف	ڳ	ڄ	ض	د	ڃ	ڪ	ا	ح	ٿ	ف	ل	ص
ڪ	ش	ڙ	ڍ	س	ط	ب	ي	ل	و	ت	ٻ	ع	آ
ط	ا	ق	ت	ڪ	ڪ	و	ل	ف	ش	ڃ	ر	ل	ڪ
ڙ	ض	ا	ڏ	م	س	ڄ	ا	ڏ	ٿ	ڍ	ک	ن	ڀ
ڄ	ڻ	ع	ڏ	ن	ش	گ	ح	ط	ش	ت	و	ڇ	ظ
و	ُ	ذ	ش	ش	ش	ن	ب	ف	ڇ	ر	ل	ٿ	ڏ
ي	ر	ف	ي	ر	ُ	ج	ل	د	ٿ	ا	ڳ	گ	ي
ط	ک	ن	ڌ	ڌ	ڄ	ئ	ر	ڙ	ٻ	ه	ٻ	ڇ	ا
ڀ	ه	ڦ	ڳ	خ	ڀ	ق	ج	خ	ت	م	ٿ	ى	ل

بيل
جسم
چن
ڪنور
ڪنب
ختم ٿيل
جنگجو
فوڪس
دستانو
ڪڪ
مخالف
بحالي
ريفري
مهارت
طاقت

87 - Countries #2

ل	ح	ث	ي	ي	و	ک	ر	ا	ئ	ي	ن	م	غ
ر	و	س	ج	و	ک	گ	ث	ُ	س	و	ﺑ	ا	ن
ﺑ	ز	و	ب	ز	گ	ڨ	ج	پ	ا	ت	د	ش	س
ڎ	ڇ	گ	خ	ش	ل	ن	ز	ک	پ	ف	ئ	ع	و
ه	ا	ر	ڌ	ژ	ب	ع	ﺑ	چ	ڌ	ا	ه	ﭘ	م
گ	ر	ي	س	ي	ن	ص	ڌ	ا	چ	غ	ُ	ک	ا
ج	و	و	ر	پ	ا	ج	ا	م	ي	ک	ا	ج	ل
ل	ا	ڨ	ا	ي	ن	ا	ب	ل	ا	م	ڳ	ﭘ	ي
ا	ڌ	پ	ک	ڌ	ج	ا	ي	پ	و	ث	ي	ا	ه
س	ج	ظ	ا	م	ڇ	ئ	ن	ي	پ	ا	ل	ک	ظ
ع	و	ژ	آ	ن	ج	ڌ	ا	ه	ط	ق	ٹ	س	ُ
ﺑ	ي	ن	م	ا	ر	ک	چ	ن	ص	ز	ق	ت	ق
ه	ي	ث	ي	م	ي	ک	س	ي	ک	و	ث	ا	ش
ل	ا	ب	ى	ر	ى	ا	ف	ڇ	چ	م	ڇ	ن	ا

البانيا
دينمارک
ايٿوپيا
گريسي
هيٽي
جاميڪا
جاپان
لاس
لبنان
لابيريا
ميڪسيڪو
نيپال
نائجيريا
پاڪستان
روس
سوماليه
سوڊان
شام
يوگنڊا
يوڪرائين

88 - Ecology

ق	ئ	خ	ل	خ	ه	ل	ي	ح	ف	ف	ث	م	ٽ
د	ا	ف	غ	ز	ي	ث	ن	و	ي	م	ک	ث	ٻ
ر	ه	ظ	ل	ر	ظ	ذ	پ	آ	ک	ژ	و	ط	ڀ
ت	ر	ط	ف	و	ئ	غ	و	ط	ش	غ	ا	س	ڏ
ي	ح	ظ	خ	ت	ر	س	س	ئ	خ	ي	ا	ر	م
د	ت	خ	ق	ن	ٻ	ا	ي	ه	ڻ	ڊ	ش	گ	د
م	ن	ڳ	ت	و	و	ک	ل	ڃ	و	ض	ڃ	ث	د
ت	ا	و	ج	ع	ث	ک	ا	گ	د	ژ	ر	ڇ	ڳ
ث	ل	ر	ذ	ڃ	ي	ُ	ت	پ	ئ	ٻ	ض	ط	ژ
ح	ف	ٽ	ش	ش	ف	ل	ٻ	و	ث	ا	ا	ن	ئ
ٻ	ن	ف	ذ	ف	ه	ژ	گ	ن	ع	آ	ک	ز	ح
م	ا	ر	ي	ن	ڃ	ذ	ا	م	ڦ	گ	ا	ت	ذ
ک	ڳ	ي	پ	ج	ع	ا	د	ت	ه	ب	ر	ک	ٻ
ڏ	ع	ز	ڃ	ٻ	ذ	ع	ه	چ	س	ب	ق	ا	چ

موسم
ڪميونٽيز
تنوع
خشڪي
فلورا
عادت
مارين
مارش

قدرتي
فطرت
ٻوٽا
وسيلا
بقا
ٻوٽي
رضاڪار

89 - Adjectives #2

و	ض	ا	ح	ت	ک	ن	د	ژ	و	چ	ز	ث	ص
ص	ج	ب	ي	و	ذ	ي	چ	ټ	ش	ب	ظ	ص	چ
ئ	ح	ز	ُ	ټ	چ	ټ	ئ	ي	ت	ډ	ُ	ا	ق
ر	ټ	ت	د	ج	ز	ل	ش	ب	ث	ف	م	ډ	ع
ق	ر	س	م	ل	ي	ا	ک	ب	ظ	غ	د	ڨ	ط
ض	ُ	ب	ګ	ن	چ	س	م	ه	ٹ	و	ا	ر	و
م	ث	ر	ڨ	ن	د	س	ب	د	ي	ت	ټ	ش	ب
س	ت	خ	ل	ي	ق	ي	پ	ع	ل	ح	ډ	ت	ض
ت	ن	ف	و	ت	ج	د	ث	ر	ظ	ف	ُ	ظ	م
ن	ئ	ب	ا	ر	ٹ	ل	ط	ق	ا	ا	و	ا	چ
د	و	ټ	ئ	د	ت	ر	و	ص	ب	و	خ	ګ	ډ
خ	ن	م	ل	ق	ٹ	ا	ف	و	چ	ب	ي	ر	ک
ش	ن	چ	ب	ث	ض	ُ	ث	ر	و	ه	ش	م	ي
ک	ي	ی	د	ا	و	ا	ر	ی	ب	ط	ڙ	ڌ	ذ

مستند
تخليقي
وضاحت کنډژ
خشک
خوبصورت
مشهور
تحفا
صحتمند
گرم
بکايل

دلچسپ
قدرتي
نئون
پيداواري
فخر
ذميوار
سالٹي
سمهٹ وارو
مضبوط
وائلډ

90 - Psychology

ت	ت	ح	خ	ص	ه	و	ک	پ	ر	ق	ت	چ	ت
ک	ش	ق	ه	ح	ا	ح	س	ا	س	ي	ج	ق	ڪ
م	خ	ي	ن	ڊ	ل	ڨ	ف	ث	ٹ	ذ	ي	س	ر
س	ي	ق	ڳ	ش	ُ	و	م	ع	ر	ف	ت	و	ا
ئ	ص	ت	آ	ه	ب	ق	ذ	ه	ث	ظ	ا	چ	ر
ل	ص	چ	ع	ل	ا	ج	غ	ح	ٻ	ڍ	ب	و	ب
و	پ	ڊ	ظ	ع	و	م	ٹ	ن	ع	ڄ	ذ	ن	ي
گ	ٹ	ز	ب	د	خ	ک	س	ط	چ	ط	ج	ٻ	ش
ُ	ک	ا	ڪ	ل	ي	ن	ي	ڪ	ل	ژ	ص	ث	ع
ڍ	ط	ي	ر	و	ع	ش	ش	خ	ص	ي	ت	پ	و
خ	ض	ڊ	ث	ا	ت	ص	و	ر	ا	ط	ڨ	ش	ر
ذ	م	ي	چ	ل	ٻ	ڀ	ه	پ	ط	ع	ق	ث	ز
ف	ث	ئ	ف	م	ث	ق	و	ح	ي	غ	ث	غ	ر
ڍ	ب	آ	ه	غ	ض	ڳ	ث	ڳ	س	ث	ب	و	ث

تشخيص

رويي

ٻاراڻو

ڪلينيڪل

معرفت

تڪرار

خواب

جذبات

آئيڊياز

تصور

شخصيت

مسئلو

حقيقت

احساس

شعوري

علاج

سوچون

بي شعور

91 - Math

ڦ پ ط پ ر م چ ڦ ڌ ا ل ي و ٹ
ب و چ ا ئ ث ض ث ي م ت غ ُ آ
ق ل ڳ ر ا ل پ ن ض ض ا چ ڦ ع
پ ي چ ل و ث ج ڄ ا ث ڌ چ د ح
ث گ م ي ڪ ل ڏ ح ي چ ڄ چ ز ذ
ف و ت ل س م ي ث ر ي ا ڌ آ ٹ
ڙ ن و و ا چ ڪ ق ث ر ش ڳ و ي
ط ض ا گ ر م آ ڄ ي ث ئ ي ق چ
د آ ز ر ث س چ ث م ي ک ط ڪ ل
ڏ ه ي ا ڄ ت ڄ ت ي م ر ر ج و
ٻ ث ح م ر ط ط د ر ا ق ت ٻ ظ
ظ ث ج و ح ي ع ڙ پ ج ل ف ذ ز
ذ پ م د س ل چ ذ ٹ ش ظ ش ب پ
ق ب چ ل م ی س ی ٻ ج ا ڳ ڦ پ

اينجلس
رياضي
چڪر
ڊيسيمل
قطر
جاميٽري
متوازي
پارليلوگرام

پريميٽر
پولي گون
مستطيل
اسڪوائر
سميٽري
مثلث
حجم

92 - Activities

ب	ڌ	ڻ	پ	ڪ	ي	م	پ	ن	گ	ج	ٿ	چ	آ
ا	ڪ	و	ژ	ٿ	ئ	ڦ	ٻ	ڦ	و	و	ئ	ب	ج
غ	ڍ	ج	ه	ت	ا	ڍ	ح	ج	م	ب	م	گ	ٿ
ب	ڄ	ا	ڻ	ئ	ل	ڇ	ش	آ	ڳ	گ	ز	پ	ھ
ا	ڇ	د	گ	ڻ	س	ن	ا	ڊ	ُ	آ	ي	ي	ز
ن	ڄ	و	ڪ	ُ	م	ڇ	ي	م	ا	ر	ڻ	م	س
ي	ب	ص	ڌ	س	و	خ	ژ	ڄ	ظ	ڦ	ئ	ر	ز
س	ٿ	ف	ا	ر	ڪ	ش	ف	ر	ق	ش	ظ	گ	ل
م	ڻ	ر	ڪ	ر	ا	ڪ	ش	ڳ	ڄ	ڪ	و	ر	خ
ه	ھ	ص	ڦ	و	ٿ	و	گ	ر	ا	ف	ي	س	و
ا	ي	ت	ص	ڍ	ل	م	ج	ز	ٿ	ڪ	ئ	آ	ش
ر	ل	م	س	ق	ڻ	ب	ڏ	ج	م	ظ	د	ر	ي
ت	ڏ	ڻ	ع	ڦ	خ	ڊ	ا	و	ا		و	ٿ	غ
ڊ	ظ	ظ	ڃ	ٿ	ژ	خ	ص	ج	ٿ	ٿ	ح	ش	س

سرگرمي
آرٽ
ڪيمپنگ
ڪرافٽس
ڊانسنگ
مڇي مارڻ
گيمز
باغباني
جابلو
شڪار ڪرڻ
فرصت
جادو
ڦوٽوگرافي
خوشي
پڙهڻ
سلائي
مهارت

93 - Business

ڻ و و چ ق ي م ت ج ض ڎ ڎ ب س
ز ا ڪ ٿ ڻ م ن ڇ ن ا ڪ د ٻ ر
ط پ ر ڀ ئ ٻ ا ف ن ا ن س ن م
ط ا و ن ٻ ل ف غ ڍ ڎ ڪ ي ت ل
گ ر ي ڪ آ ط ع پ گ ا ٿ ف ٿ ا
ڌ ج س ظ ت س و ظ ئ ٿ ر آ ڳ ز
ر ل ن ٿ ع ڪ ڪ و ي ن د م آ م
آ ڍ ر س ٿ ي ن و ن ا خ ر ا ڪ
غ ڍ ڪ و ر ٿ ر ا ن ز ي ڪ ش ن
چ ڍ س ي ڙ پ ڪ ا ر ي م ڳ ل د
پ ٻ ئ پ ص د ب ب ظ ن ڙ پ س ذ
ئ ر ت ڃ ٿ ي ط ظ ص پ و ڇ ڻ ڍ
س ئ ظ ُ غ ف و ڳ ا م ت ڌ ڄ ٻ
ا ق ت ص ا د ى ا ت ڪ ج ڙ ظ ڻ

ڪيريئر
ڪمپني
قيمت
ڪرنسي
ڊسڪائونٽ
اقتصاديات
ملازم
ڪارخانو
فنانس
آمدني

سيڙپڪاري
مئنيجر
واپار
پئسا
آفيس
منافعو
وڪرو
دڪان
ٽيڪس
ٽرانزيڪشن

94 - The Company

ر	ک	خ	ا	ث	آ	ل	و	س	و	ګ	ر	غ	ص
پ	ت	ع	ن	ص	ط	ک	ک	ث	ط	ژ	و	ذ	م
پ	و	ر	ا	و	ث	ژ	و	ن	ب	ن	ز	ئ	ع
پ	ي	ع	ق	ب	ڨ	م	و	و	ص	ي	ګ	ح	ي
ا	ق	د	ع	ي	چ	ک	خ	ي	پ	ظ	ا	ٹ	ا
ع	ي	ب	ا	ش	چ	ي	ط	ق	چ	ي	ر	ج	ر
غ	ل	ن	چ	و	ط	ظ	ر	ډ	ق	ر	ش	چ	ظ
و	خ	چ	پ	ط	ا	ن	ا	ک	م	ا	ث	ک	ا
ت	ت	ش	ه	ر	ت	ر	ُ	آ	پ	ک	و	خ	ش
ج	ا	ډ	و	چ	پ	آ	ن	م	ئ	پ	س	ڊ	غ
ګ	چ	ا	ج	ذ	ل	ک	ژ	د	ژ	ي	ک	ي	
ډ	ن	ډ	و	ل	ص	ي	ف	ن	ش	ي	ل	ګ	ج
ش	چ	چ	ص	ګ	پ	ُ	ا	ي	ي	س	ا	و	ف
ژ	چ	ُ	ث	غ	ق	ر	خ	آ	غ	ص	ډ	ت	ئ

ډنډو
تخليقي
فيصلو
روزګار
صنعت
نوژت وارو
سيژپکاري
امکان
پيشکش

پيداوار
ترقي
معيار
شهرت
وسيلا
آمدني
خطرا
يونٹس

95 - Literature

ث	ئ	ڏ	ٻ	چ	ح	ڪ	ن	ت	ي	ج	و	ڪ	ز
ر	ِ	ء	ا	ر	ظ	ي	ز	ڇ	آ	ھ	ت	ڇ	ڳ
ي	ل	ڪ	ڪ	ي	ل	ا	ت	ڪ	ت	ح	ا	ض	و
ج	غ	د	پ	ه	ن	ا	ر	ع	ا	ش	ل	ن	ث
ٻ	ز	ڪ	ق	ز	ا	ا	ا	ف	س	ا	ن	و	ق
ي	ڙ	ٿ	ڃ	ن	م	ڇ	ل	ٿ	ئ	ج	س	ن	و
ڇ	ذ	غ	ط	ڃ	ظ	م	ٽ	ا	ح	ض	ذ	ع	م
ڀ	ڏ	ل	و	ا	ن	م	ا	ط	گ	ي	آ	د	و
ھ	ٻ	س	ڃ	ت	ن	ڃ	ق	ق	ٿ	ڳ	پ	ڳ	ض
ض	ص	ح	پ	ف	ز	د	ض	گ	خ	گ	غ	ئ	و
ج	ُ	ڪ	ھ	ف	ظ	ق	ا	آ	ر	پ	ز	ظ	ع
ل	ت	ن	ت	ڃ	ز	ي	و	ز	ئ	ٻ	پ	ش	ص
ئ	ر	ض	ٻ	ٻ	ض	ڃ	خ	م	ٽ	ڦ	ث	ع	ث
د	و	ت	ظ	ث	د	ھ	ف	ر	ڙ	ڃ	ث	ف	ڳ

اينالاگ
تجزيو
ليڪ
نتيجو
وضاحت
افسانو
ناول
راءِ

نظم
شاعرانه
رمز
تال
انداز
موضوع
ٽريجڊي

96 - Geography

ب	ٻ	ت	غ	ط	ت	ح	ڙ	ا	ڏ	ظ	ٿ	س	ر
ٿ	چ	ُ	ق	ع	ب	م	ل	ڪ	ک	ش	ک	ڪ	خ
م	ي	ر	ي	ڊ	ي	ن	ب	ُ	ٽ	پ	ه	پ	ڙ
ح	گ	ذ	ئ	ش	ُ	ج	ج	گ	ل	و	ب	ر	گ
ط	ڌ	ص	ا	ڇ	ي	ي	ظ	ڍ	ڌ	پ	ه	ٿ	ٿ
ڃ	م	ب	چ	س	ڏ	ر	م	ه	ڳ	ي	ه	ن	د
آ	غ	ب	ن	ا	و	ل	ه	ه	و	ٻ	ا	ن	ح
ا	پ	ل	و	ق	ئ	ا	ل	ع	ش	ڏ	ي	ي	ب
ي	ت	ٽ	ا	ٿ	ي	ه	ڦ	غ	ڇ	ٿ	ر	ٿ	ل
ن	ڏ	ر	ڌ	ڳ	خ	پ	ڃ	ڙ	د	ق	د	ن	ن
د	چ	ٿ	گ	ظ	ڏ	ڌ	غ	ط	ب	ڙ	ت	ڪ	د
ڦ	ج	م	و	ڙ	ٻ	خ	ڇ	ڍ	ڍ	ع	ا	ج	ي
ض	ع	خ	ل	ڍ	ٻ	ُ	ڙ	ب	ق	ڏ	ٿ	ڏ	ٽ
ص	ص	ذ	ي	ي	ل	ڏ	ا	ر	ط	ٿ	ي	ڊ	ک

اونچائي
شهر
ڪنٽيننٽ
ملڪ
بلندي
گلوب
اڏ گول
پيٽ
ميريڊين

جبل
اتر
ريجن
درياهه
ڏکڻ
علائقو
ٽرپڪس
اولهه
دنيا

97 - Jazz

ا	ر	ٽ	س	ي	ڪ	ر	آ	آ	چ	د	ض	پ	ٽ
ن	ٽ	ڦ	م	ق	ٽ	ي	ل	ن	ٽ	و	ي	ئ	ض
د	ڪ	ٽ	ب	ي	ع	ق	ڳ	ڪ	م	پ	و	ز	ر
ا	ت	ا	ل	س	ب	آ	ٻ	ش	ر	ع	ر	ج	ذ
ز	ي	خ	ا	و	ض	ل	ر	پ	ڊ	ڦ	ا	ک	ٽ
ڦ	گ	گ	ٻ	م	ت	ج	ٽ	ٽ	ر	ت	ڌ	چ	م
و	ُ	ٻ	چ	ڀ	ذ	ل	ڏ	ڏ	س	ا	س	ه	چ
ڪ	ي	ن	ڪ	ي	ٽ	ز	ُ	ڪ	چ	ٽ	ڻ	د	ي
ع	ن	ڏ	ڊ	ض	ٽ	ُ	م	ش	ه	و	ر	ي	ڄ
ن	ج	س	ب	ي	گ	ڌ	ب	ڄ	خ	ٽ	ا	د	ھ
ڀ	ٻ	ص	ر	ڇ	ش	ن	ئ	و	ن	س	ا	ن	گ
ئ	م	آ	ڊ	ٽ	ش	ق	ک	ڳ	ئ	د	ٽ	س	ڙ
م	ڌ	ک	ق	پ	م	آ	ح	ص	ر	ظ	م	پ	ط
و	ڦ	ڀ	ڊ	ڦ	ض	گ	ھ	ب	ا	م	ڏ	ى	ص

البم
آرٽسٽ
ڪمپوزر
ڪنسرٽ
ڊرم
مشهور
پسنديده
سڏارو
موسيقي

نئون
پراڻي
آرڪيسٽرا
تال
گيت
انداز
ٽيلنٽ
ٽيڪنيڪ

98 - Nature

ي	گ	ا	ڊ	ج	ق	ذ	ڙ	ش	ئ	ض	ظ	ٻ	ه
ر	ل	ڌ	ٽ	ف	ا	ط	ڇ	ا	ي	ل	ث	ٻ	ه
ط	ع	ظ	ش	ڙ	ب	ن	م	ا	ر	پ	گ	ي	ي
ج	ا	ف	ڀ	ڙ	ا	ڃ	و	ل	ي	ٻ	ل	م	ڇ
ن	س	ک	ئ	ث	د	ڳ	ي	ر	ڪ	ٽ	ي	س	ٽ
ا	ه	م	ع	ث	ل	آ	ت	ل	ظ	ج	ش	ر	ا
ت	س	ٿ	ز	ظ	ث	آ	ر	ڪ	ٿ	ڪ	ي	ي	ڳ
س	ک	ڦ	ا	ڇ	گ	ک	و	ي	و	ک	ئ	ن	ف
گ	ح	ه	ڊ	ڃ	د	ُ	ص	پ	ا	ڊ	ر	ڏ	س
ي	خ	ذ	آ	ش	ر	ٿ	ب	ا	ٻ	خ	ڄ	ٻ	ڃ
ر	ا	ا	ڦ	ڌ	ي	ڌ	و	ر	و	ي	ٽ	ق	ڦ
و	ا	ئ	ل	ڊ	ا	ع	خ	ٿ	ٿ	ج	ط	ٻ	ح
م	ت	ح	ر	ڪ	ه	د	ي	ُ	و	ا	ج	ا	ج
س	ڳ	ٿ	ز	و	ه	ڇ	ڊ	د	ز	ڌ	ٽ	ى	ى

جانور
آرڪٽڪ
خوبصورتي
بادل
ريگستان
متحرڪ
ٻوٽو
ٻيلو
گليشيئر
پرامن
درياهه
سرين
ٽراپيڪل
اهم
وائلڊ

99 - Championship

گ	ک	ژ	پ	ي	ف	ئ	چ	و	ظ	م	ب	ب	پ
چ	ٹ	ٹ	ژ	ت	ا	ئ	ا	ک	چ	ُ	ب	ش	ر
ج	ج	ڨ	ح	ر	ئ	ٹ	ر	ي	ل	پ	س	ک	س
گ	ي	م	ز	ژ	ن	ظ	ث	چ	ب	ي	ط	پ	پ
ا	ب	ب	غ	ي	ل	ف	غ	ا	ي	ل	ق	ش	ر
ل	پ	ج	آ	ع	س	ي	ت	ط	م	م	چ	ن	ي
چ	خ	گ	گ	پ	ث	ذ	ل	ح	آ	ع	پ	ئ	ش
ث	ن	ي	م	ا	ن	ر	و	ث	ُ	ت	ج	ي	ن
ض	ي	گ	د	ر	ک	ر	ا	ک	پ	م	ز	پ	ن
پ	د	م	ف	ل	ل	ه	ب	ذ	ث	ک	ڨ	م	ن
ث	ن	ن	ض	ن	آ	م	ح	ج	ث	ح	ب	ي	ڎ
ک	ا	ل	ث	ر	ک	ک	ع	ژ	آ	ل	ج	چ	ه
و	ر	ي	ڨ	چ	ب	چ	ب	ئ	ف	ب	ژ	ف	گ
چ	ي	گ	و	و	ذ	غ	ت	ض	ت	ز	س	ق	ذ

چيمپين
چيمپيئن شپ
کوچ
فائنلسٹ
گيمز
جج
ليگ
ميډل

کارکردگي
پرسپريشن
راندين
حکمت عملي
ٹيم
ٹورنامينٹ
فتح

100 - Vacation #2

ض	ٽ	و	ک	س	ب	ش	ڙ	م	ل	ڙ	ظ	ڪ	ف
گ	ڌ	ٻ	ڌ	ک	ٽ	ش	چ	ٿ	ئ	ڌ	ڳ	ن	ط
ن	و	غ	ظ	ث	ڃ	ا	ا	ٿ	و	ي	ز	ا	ر
پ	ٽ	ر	ا	ن	س	پ	و	ر	ٽ	آ	ڌ	پ	ذ
م	ر	و	ڌ	ب	ي	چ	ا	و	ڃ	ت	ظ	ي	م
ي	و	ڏ	خ	ح	ي	پ	ڇ	پ	ڇ	ڃ	ظ	ٻ	ذ
ڪ	پ	ڃ	ي	س	ڪ	ئ	ٽ	ر	گ	ک	ص	س	ٿ
ا	س	ح	ڳ	ه	ھ	ٻ	ا	ئ	ف	ر	ص	ت	م
و	ا	ز	خ	ٿ	ي	ط	ٿ	ي	ڏ	ف	ز	پ	ڪ
م	پ	ھ	ح	ي	ب	ع	ر	ا	ڇ	س	ڏ	ش	ز
ي	ن	د	ڻ	ي	ٻ	ظ	ي	م	ڳ	ظ	ذ	ٻ	ئ
خ	ڏ	ز	ه	و	ٿ	ل	ن	پ	ج	ڪ	ل	ذ	ض
ق	گ	ذ	ل	ڄ	ق	ي	ڳ	خ	س	ج	ڏ	ا	غ
ڄ	و	ب	ت	ب	ع	م	ب	ي	ل	ص	ش	ي	ن

ايئرپورٽ
ٻيچ
ڪيمپنگ
منزل
پرڏيهي
هوٽل
پيٽ
سفر

فرصت
پاسپورٽ
ٽئڪسي
خيمو
ٽرين
ٽرانسپورٽ
ويزا

1 - Antiques

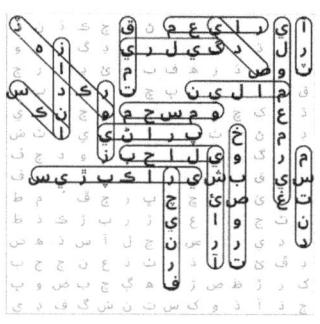

2 - Food #1

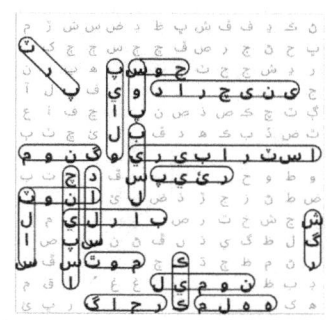

3 - Measurements

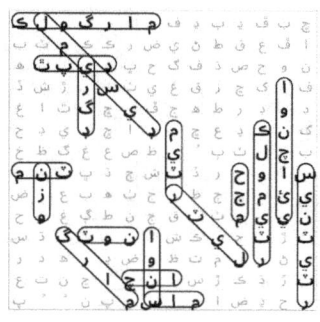

4 - Farm #2

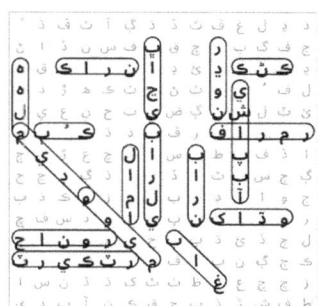

5 - Books

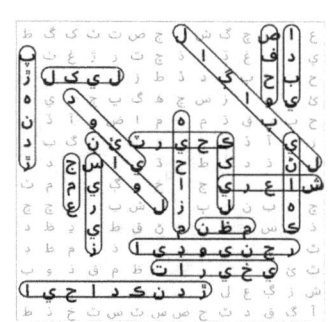

6 - Meditation

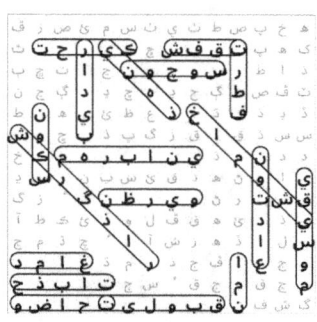

7 - Days and Months

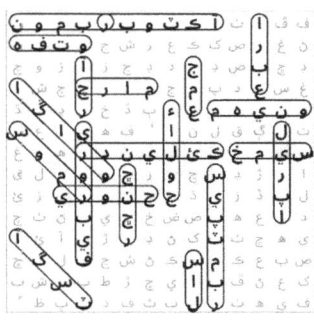

8 - Energy

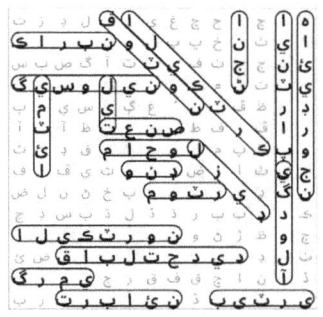

9 - Chess

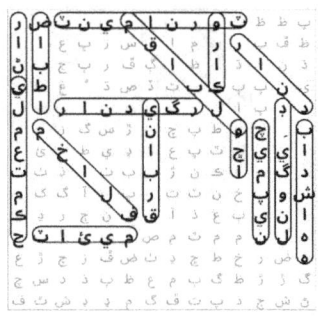

10 - Archeology

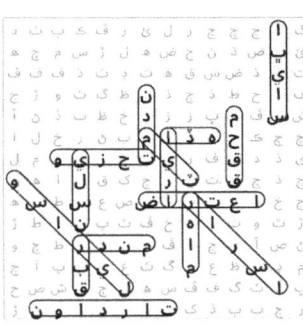

11 - Food #2

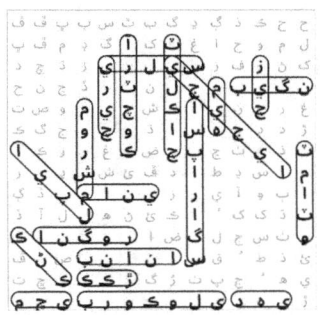

12 - Chemistry

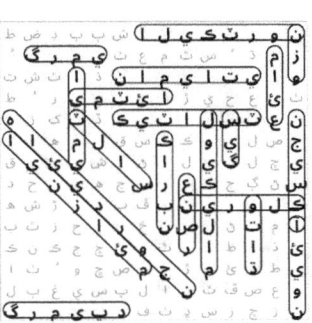

13 - Music

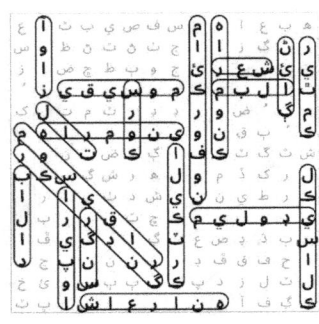

14 - Family

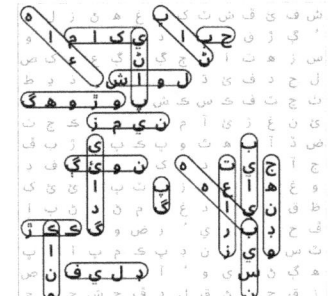

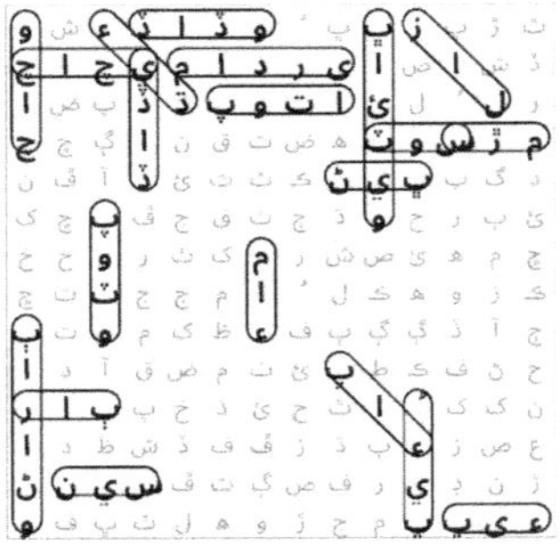

15 - Farm #1

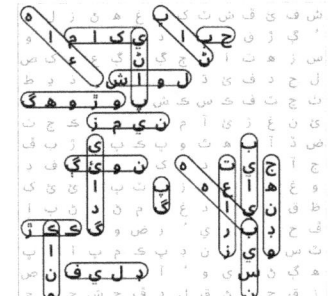

16 - Camping

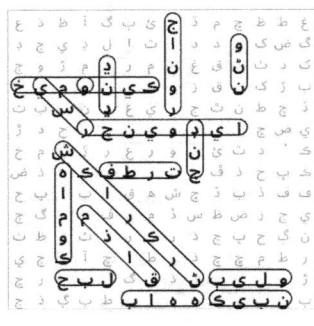

17 - Numbers

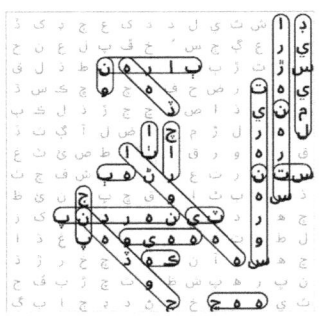

18 - Spices

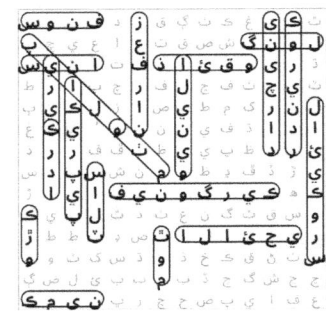

19 - Mammals

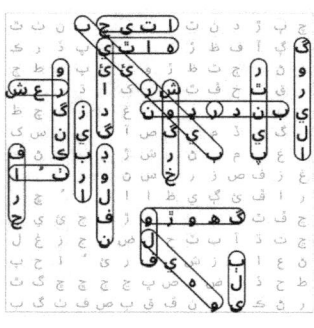

20 - Restaurant #1

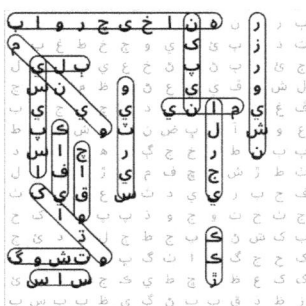

21 - Bees

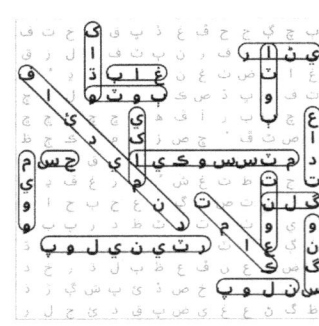

22 - Photography

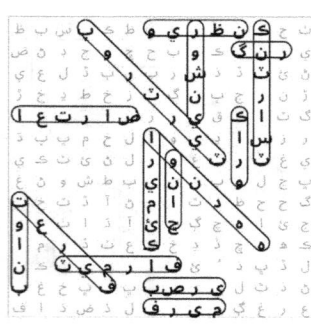

23 - Sports

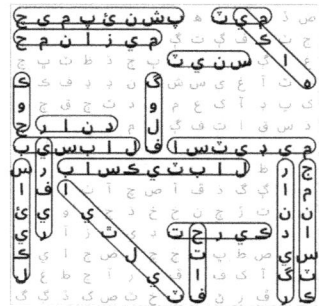

24 - Weather

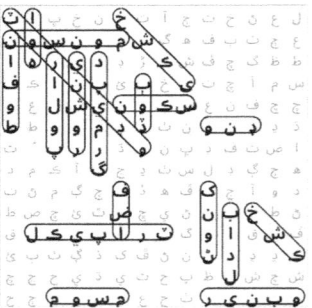

25 - Adventure

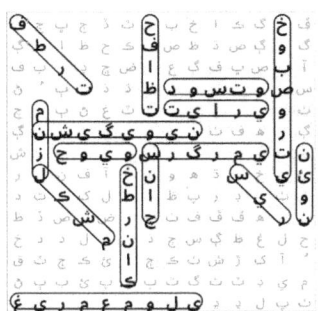

26 - Sport

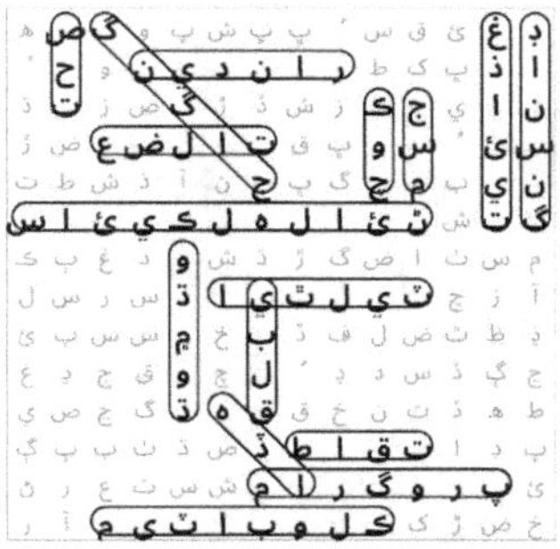

27 - Circus

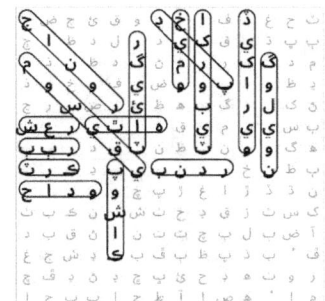

28 - Tools

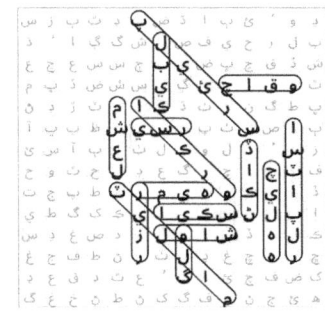

29 - Restaurant #2

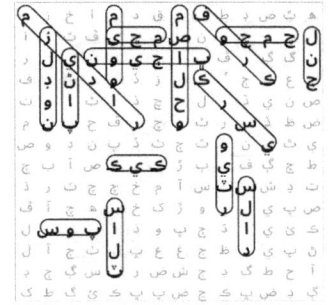

30 - Geology

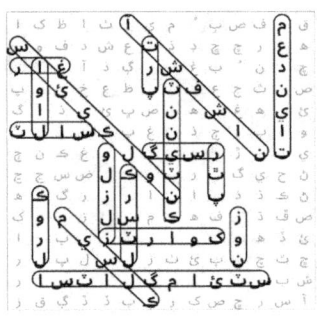

31 - House

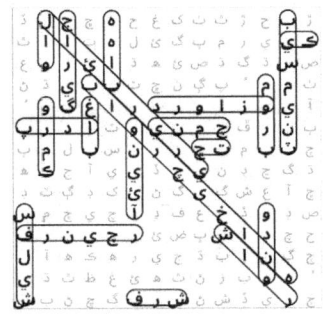

32 - Physics

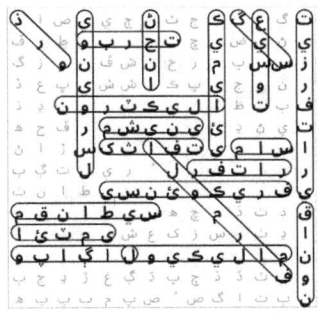

33 - Dance

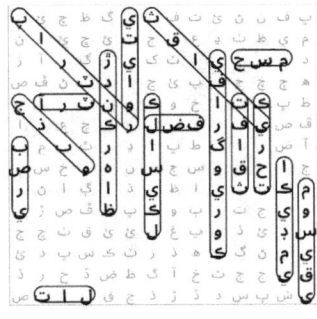

34 - Colors

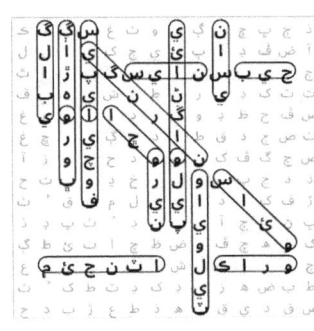

35 - Climbing

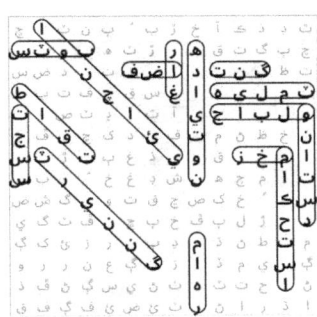

36 - Shapes

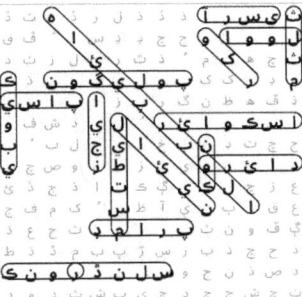

37 - Scientific Disciplines

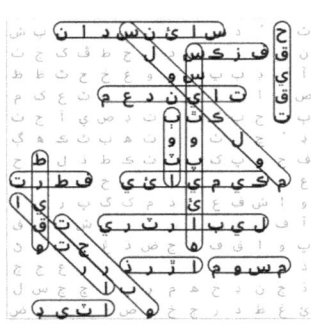

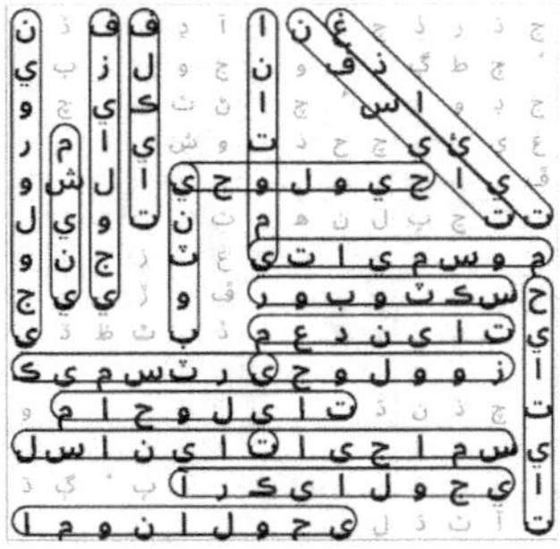

38 - Science

39 - Beauty

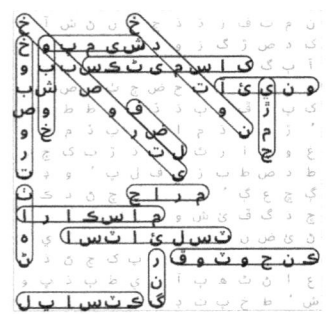

40 - Clothes

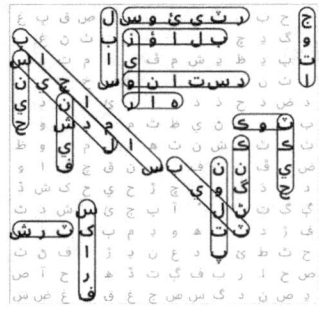

41 - Ethics

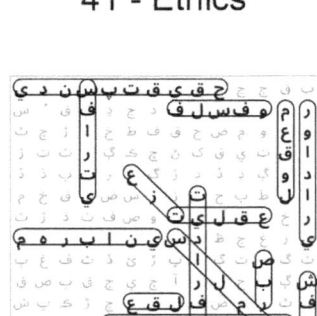

42 - Astronomy

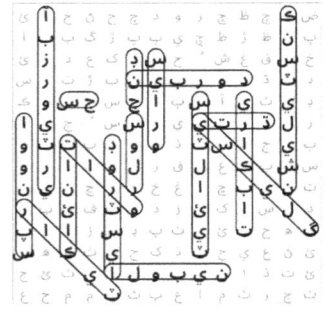

43 - Health and Wellness #2

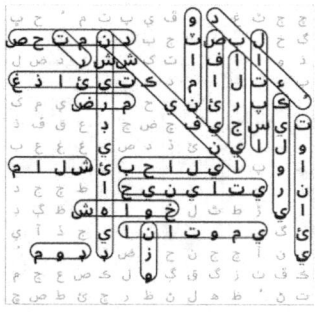

44 - Time

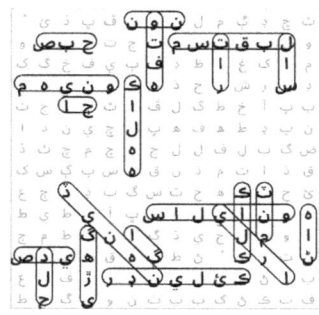

45 - Buildings

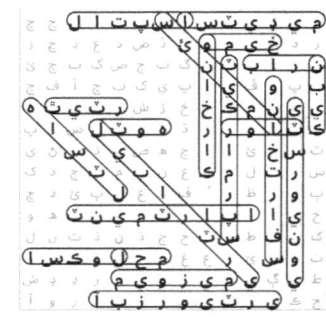

46 - Philanthropy

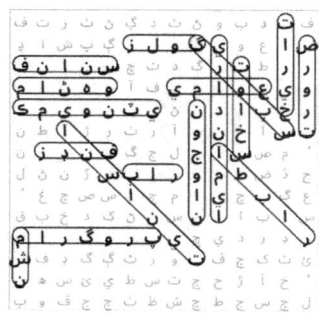

47 - Herbalism

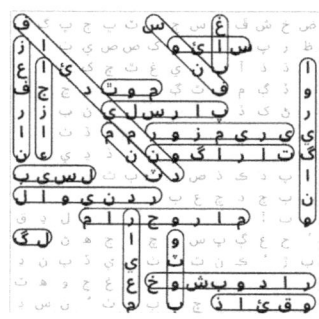

48 - Vehicles

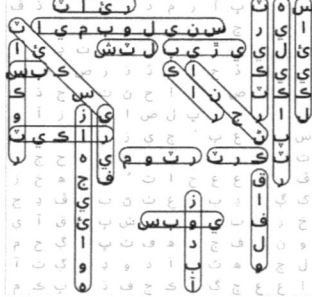

49 - Flowers

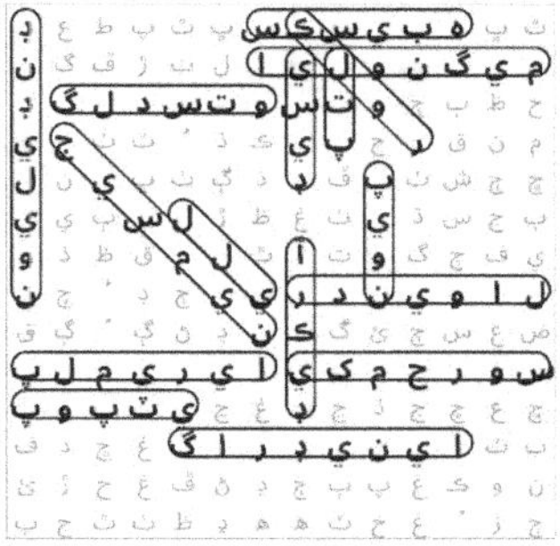

50 - Health and Wellness #1

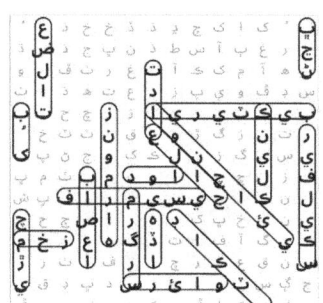

51 - Town

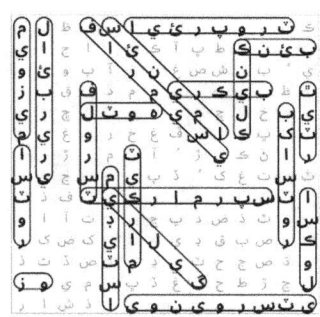

52 - Antarctica

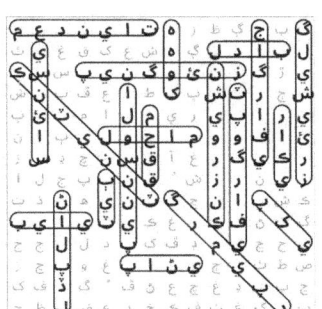

53 - Ballet

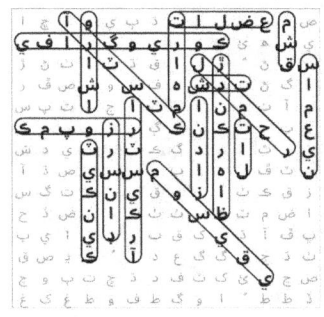

54 - Human Body

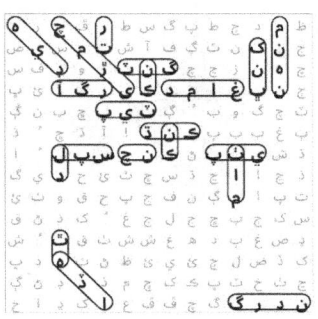

55 - Musical Instruments

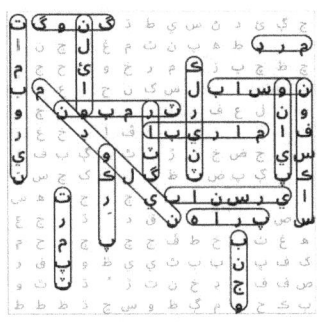

56 - Fruit

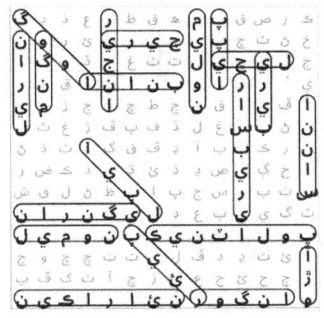

57 - Engineering

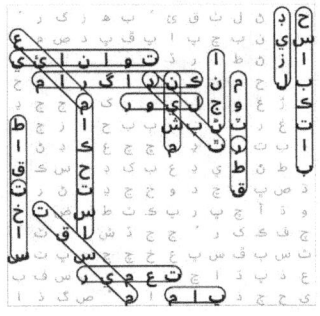

58 - Kitchen

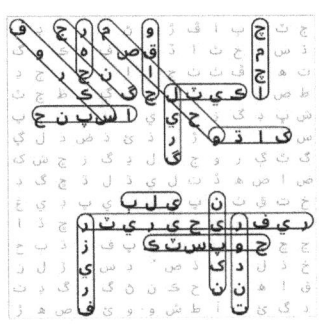

59 - Government

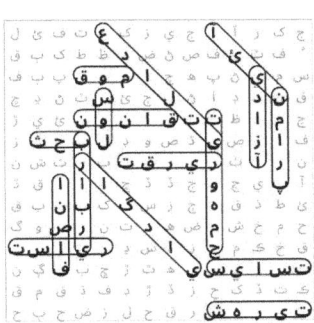

60 - Science Fiction

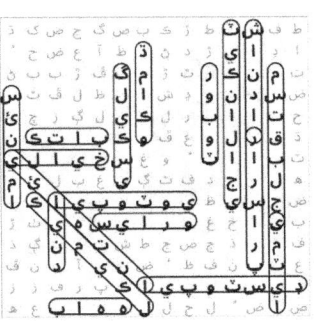

61 - Geometry

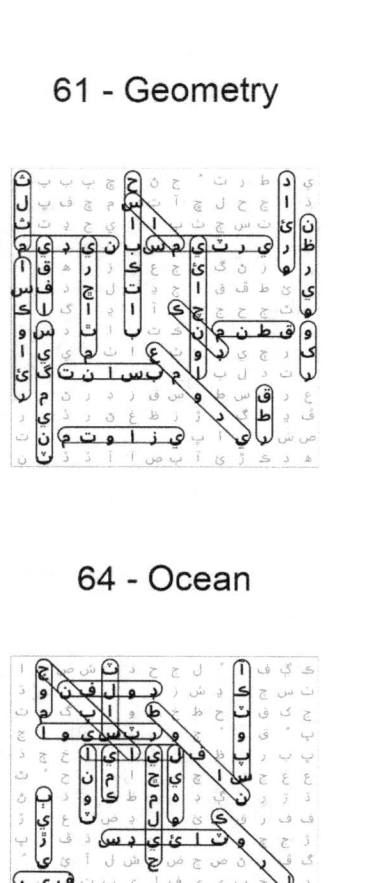

62 - Creativity

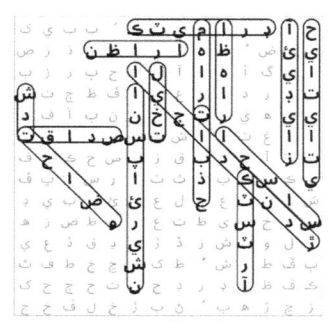

63 - Airplanes

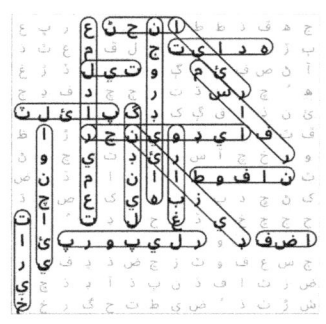

64 - Ocean

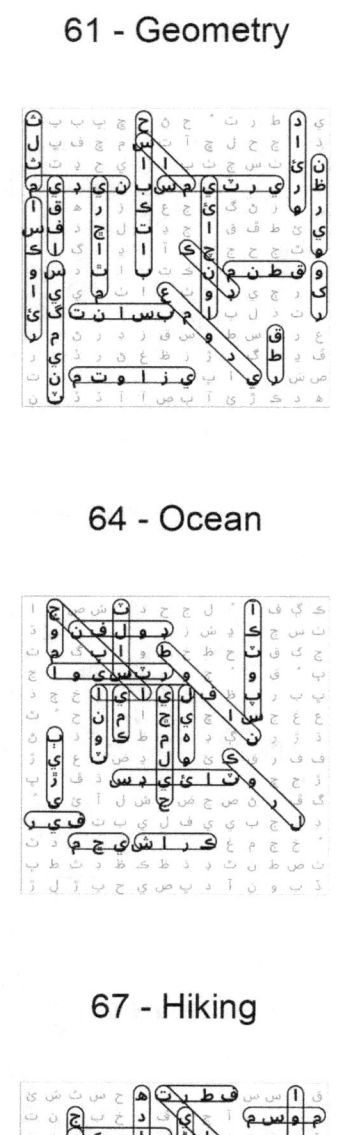

65 - Birds

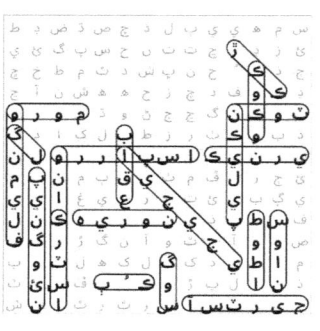

66 - Nutrition

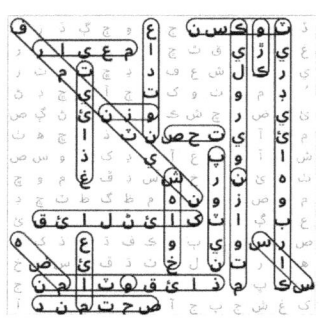

67 - Hiking

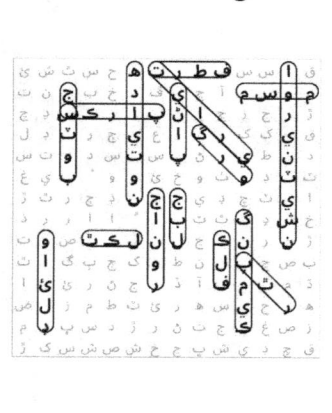

68 - Professions #1

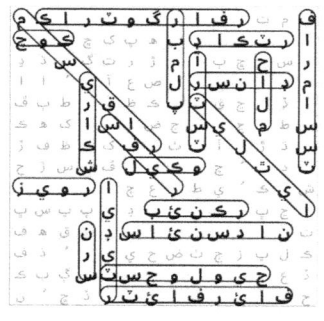

69 - Barbecues

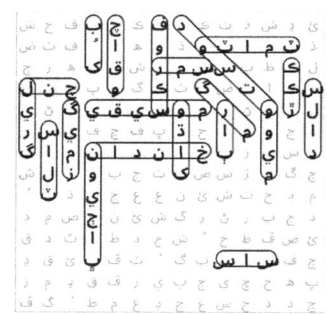

70 - Vegetables

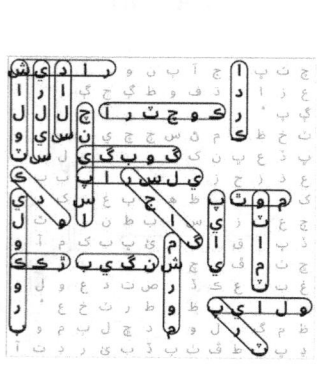

71 - The Media

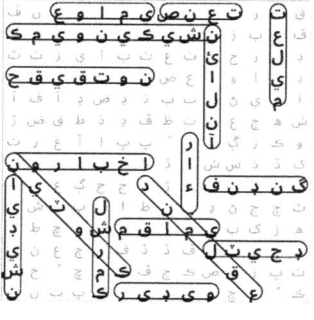

72 - Boats

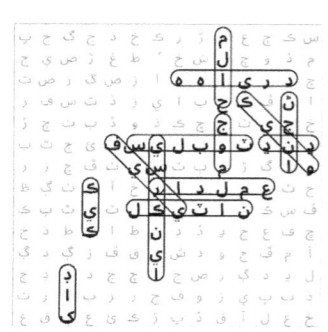

73 - Activities and Leisure

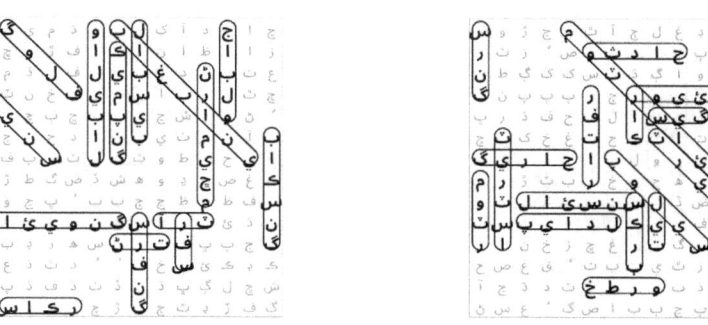

74 - Driving

75 - Professions #2

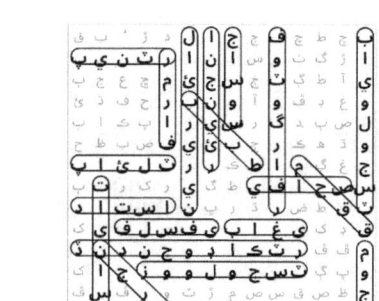

76 - Mythology

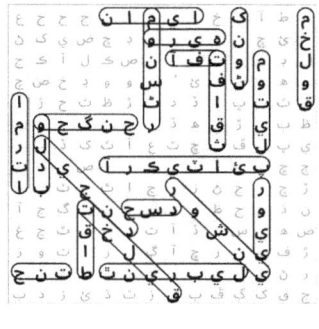

77 - Hair Types

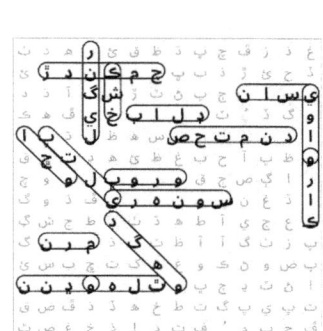

78 - Diplomacy

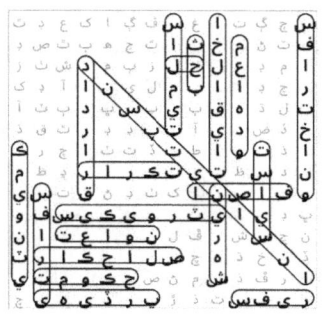

79 - Beach

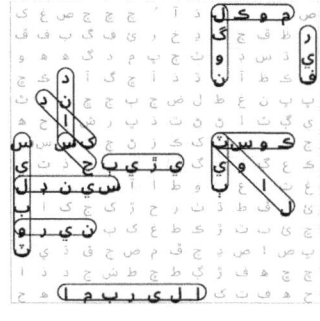

80 - Countries #1

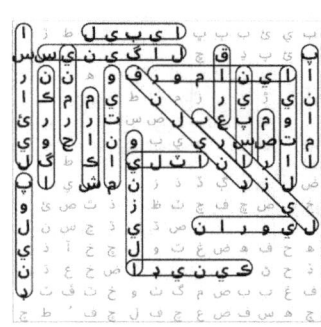

81 - Adjectives #1

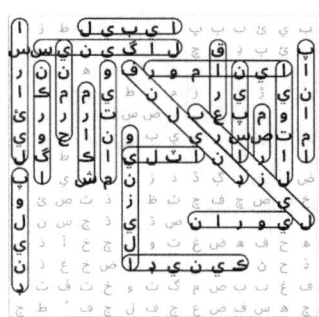

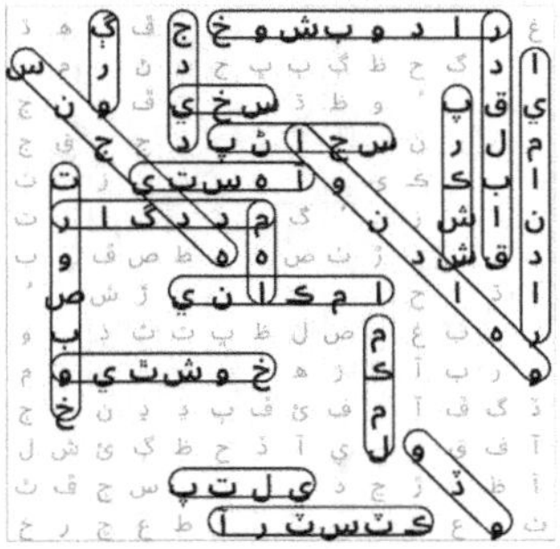

82 - Rainforest

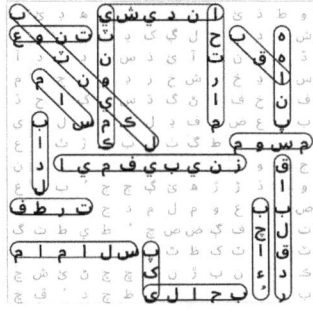

83 - Technology

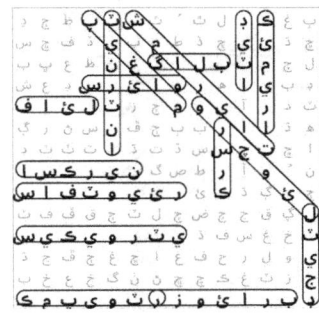

84 - Landscapes

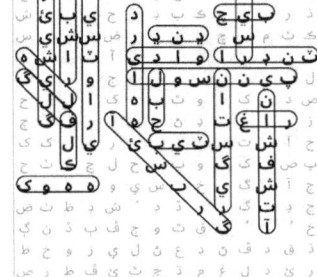

85 - Plants

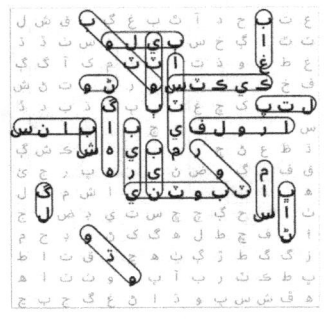

86 - Boxing

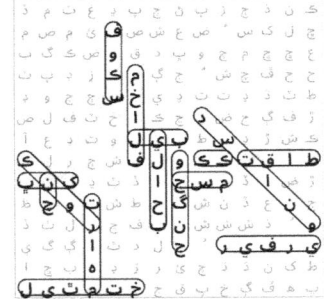

87 - Countries #2

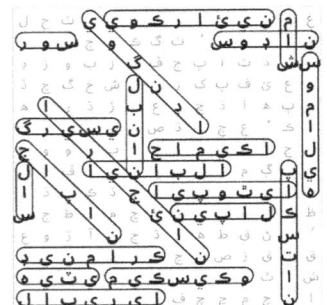

88 - Ecology

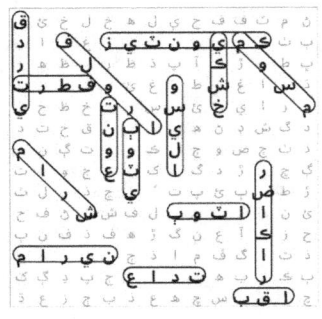

89 - Adjectives #2

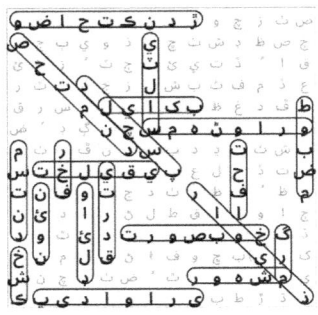

90 - Psychology

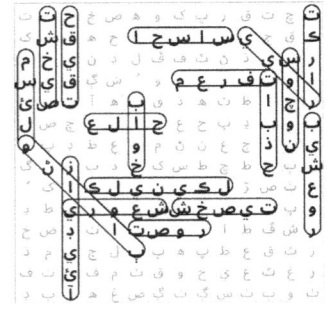

91 - Math

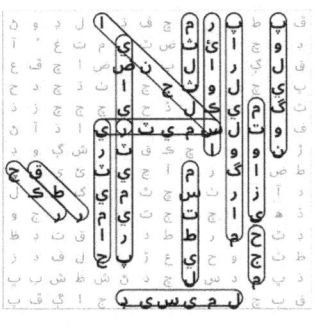

92 - Activities

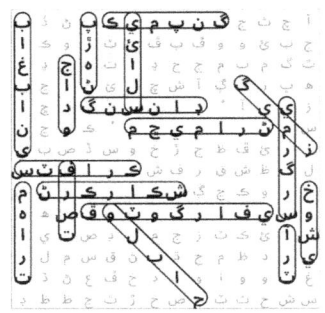

93 - Business

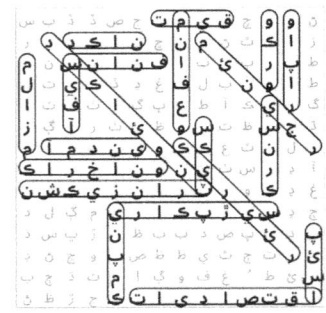

94 - The Company

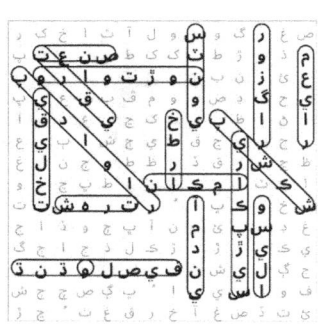

95 - Literature

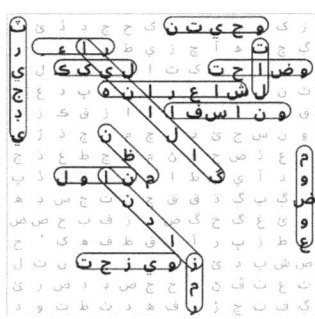

96 - Geography

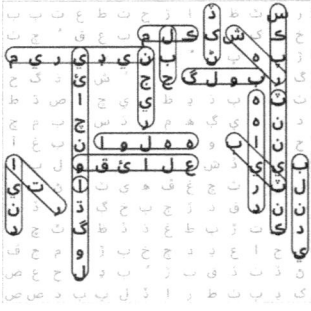

97 - Jazz

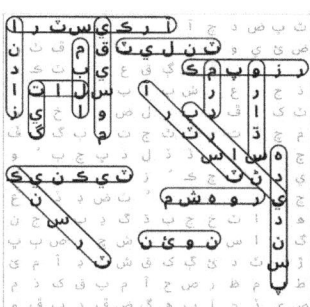

98 - Nature

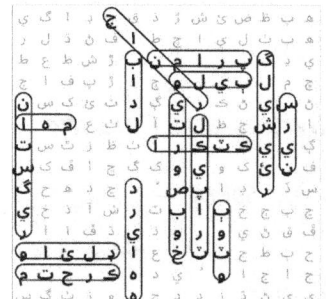

99 - Championship

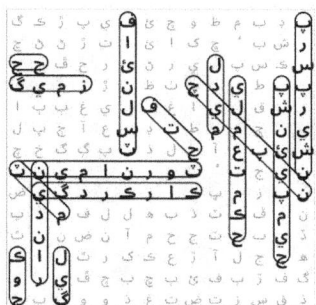

100 - Vacation #2

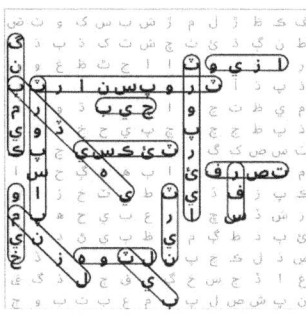

Dictionary

Activities

سرگرميون

Activity	سرگرمي
Art	آرٽ
Camping	ڪيمپنگ
Crafts	ڪرافٽس
Dancing	ڊانسنگ
Fishing	مڇي مارڻ
Games	گيمز
Gardening	باغباني
Hiking	جابلو
Hunting	شڪار ڪرڻ
Leisure	فرصت
Magic	جادو
Photography	فوٽوگرافي
Pleasure	خوشي
Reading	پڙهڻ
Sewing	سلائي
Skill	مهارت

Activities and Leisure

سرگرميون ۽ تفريح

Art	آرٽ
Baseball	بيس بال
Basketball	باسڪيٽ بال
Boxing	باڪسنگ
Camping	ڪيمپنگ
Diving	ڊائيونگ
Fishing	مڇي مارڻ
Gardening	باغباني
Golf	گولف
Hiking	جابلو
Soccer	ساڪر
Surfing	سرفنگ
Swimming	ترڻ
Tennis	ٽينس
Travel	سفر
Volleyball	والي بال

Adjectives #1

صفت نمبر 1

Ambitious	امڪاني
Aromatic	خوشبودار
Artistic	آرٽسٽڪ
Attractive	پرڪشش
Beautiful	خوبصورت
Dark	اونداهو
Generous	سخي
Happy	خوش ٿيو
Heavy	ڳرو
Helpful	مددگار
Honest	ايماندار
Huge	وڏو
Identical	سڃاڻپ
Important	اهم
Modern	جديد
Perfect	مڪمل
Serious	سنجيده
Slow	آهستي
Thin	پتلي
Valuable	قابل قدر

Adjectives #2

صفت نمبر 2

Authentic	مستند
Creative	تخليقي
Descriptive	وضاحت ڪندڙ
Dry	خشڪ
Elegant	خوبصورت
Famous	مشهور
Gifted	تحفا
Healthy	صحتمند
Hot	گرم
Hungry	بکايل
Interesting	دلچسپ
Natural	قدرتي
New	نئون
Productive	پيداواري
Proud	فخر
Responsible	ذميوار
Salty	سالٽي
Sleepy	سمھڻ وارو
Strong	مضبوط
Wild	وائلڊ

Adventure

ايڊونچر

Activity	سرگرمي
Beauty	خوبصورتي
Chance	چانس
Dangerous	خطرناڪ
Destination	منزل
Difficulty	مشڪل
Excursion	سير
Friends	دوستو
Joy	جويو
Nature	فطرت
Navigation	نيويگيشن
New	نئون
Preparation	تياري
Safety	حفاظت
Unusual	غير معمولي

Airplanes

هوائي جهاز

Adventure	ايڊوينچر
Air	ايئر
Atmosphere	فضا
Balloon	غبارو
Construction	تعمير
Crew	عملدار
Design	ڊيزائن
Direction	هدايت
Engine	انجڻ
Fuel	تيل
Height	اونچائي
History	تاريخ
Hydrogen	هائيڊروجن
Landing	لينڊنگ
Passenger	مسافر
Pilot	پائلٽ
Propellers	پروپيلر
Turbulence	طوفان

Antarctica

انٽارڪٽيڪا

Bay	بي.اي
Birds	پکي
Clouds	بادل
Conservation	ڪنزرويشن
Continent	ڪنٽيننٽ
Cove	کوھ
Environment	ماحول
Geography	جاگرافي
Glaciers	گليشيئرز
Islands	ٻيٽ
Migration	لڏپلاڻ
Minerals	معدنيات
Penguins	پينگوئنز
Peninsula	پيننسولا
Researcher	محقق
Rocky	پٿريلو
Scientific	سائنسي
Temperature	گرمي پد
Topography	ٽوپوگرافي
Water	پاڻي

Antiques

قديم شيون

Art	آرٽ
Auction	نيلام
Authentic	مستند
Century	صدي
Coins	سڪا
Decades	ڏهاڪو
Decorative	آرائشي
Elegant	خوبصورت
Furniture	فرنيچر
Gallery	گيلري
Investment	سيڙپڪاري
Jewelry	زيور
Old	پراڻي
Price	قيمت
Quality	معيار
Restoration	بحالي
Sculpture	مجسمو
Style	انداز
Unusual	غير معمولي

Archeology

آرڪيالاجي

Analysis	تجزيو
Antiquity	نوادرات
Bones	هڏا
Civilization	تمدن
Descendant	نسلي
Era	ايرا
Evaluation	اپياس
Expert	ماهر
Forgotten	وساريل
Mystery	اسرار
Objects	اعتراض
Researcher	محقق
Team	ٽيم
Temple	مندر
Tomb	قبر

Astronomy

فلڪيات

Asteroid	ايسٽروڊ
Constellation	ڪنسٽيليشن
Earth	ڌرتي
Galaxy	گليڪسي
Moon	چنڊ
Nebula	نيبولا
Observatory	آبزرويٽري
Planet	سيارو
Radiation	تابڪاري
Rocket	راڪيٽ
Satellite	سيٽلائيٽ
Solar	سولر
Star	تارو
Sun	سج
Supernova	سپرنووا
Telescope	دوربين
Universe	ڪائنات

Ballet

بيلٽ

Artistic	آرٽسٽڪ
Audience	سامعين
Choreography	ڪوريوگرافي
Composer	ڪمپوزر
Dancers	ڊانسرز
Expressive	ظاهر ڪندڙ
Gesture	اشارو
Graceful	رحمدل
Intensity	شدت
Muscles	عضلات
Music	موسيقي
Orchestra	آرڪيسٽرا
Practice	مشق
Rhythm	تال
Skill	مهارت
Style	انداز
Technique	ٽيڪنيڪ

Barbecues

باربيڪيوز

Chicken	ڪڪڙ
Children	ٻار
Family	خاندان
Food	کاڌو
Forks	فورڪس
Friends	دوست
Fruit	ميوو
Games	گيمز
Grill	گرل
Hot	گرم
Hunger	بُک
Knives	چاقو
Lunch	لنچ
Music	موسيقي
Salads	سلاد
Salt	سالٽ
Sauce	ساس
Summer	سمر
Tomatoes	ٽماٽو
Vegetables	ڀاڄيون

Beach		**Beauty**		**Bees**	
ساحل		خوبصورتي		مكيون	
Blue	نيرو	Charm	چارم	Beneficial	فائديمند
Boat	بيڑي	Color	رنگ	Blossom	بوٹو
Coast	کوسٹ	Cosmetics	کاسمیٹکس	Diversity	عنوت
Dock	کاڈ	Elegance	يترصوبخو	Ecosystem	ايا وکسٹ سسم
Island	بيٹ	Elegant	ترصوبخو	Flowers	نلگ
Lagoon	نوگل	Fragrance	وخوشبو	Food	کاذو
Reef	ريف	Grace	فضل	Fruit	ميوو
Sailboat	سيلبوٹ	Lipstick	پ اسٹ کے	Garden	باغ
Sand	ساند	Makeup	ٹاہن	Habitat	عادت
Sandals	سينڈل	Mascara	ماسکارا	Honey	يماک
Sun	سج	Mirror	آئينو	Plants	بوٹا
Towel	لاوٹ	Photogenic	کنجوٹوٹقف	Pollen	پولن
Umbrella	امبريلا	Services	خدمتون	Pollinator	پولينيٹر
Vacation	موکل	Shampoo	شيمپو	Queen	رائني
		Skin	چمڑي	Smoke	کماٹ
		Stylist	اسٹائلسٹ	Sun	سج
				Wings	سونگن

Birds

پکي

Canary	ڪينري
Chicken	ڪڪڙ
Crow	ڪانو
Cuckoo	ڪوڪو
Duck	ڪُٻ
Eagle	عقاب
Egg	اي جي جي
Flamingo	فليمنگو
Goose	گوس
Gull	گل
Heron	هيرون
Ostrich	آسٽريچ
Parrot	طوطا
Peacock	مورو
Pelican	پيليڪن
Penguin	پينگوئن
Sparrow	اسپاررو
Stork	اسٽرڪ
Swan	سوان
Toucan	ٽوڪن

Boats

پيڙيون

Anchor	اينڪر
Canoe	ڪينو
Crew	عملدار
Dock	ڊاڪ
Engine	انجڻ
Ferry	فيري
Kayak	ڪيڪ
Lake	ڍنڍ
Nautical	ناٽيڪل
River	درياهه
Rope	رسي
Sailboat	سيلبوٽ
Sailor	ملاح
Waves	موج

Books

ڪتاب

Adventure	ايڊوينچر
Author	ليکڪ
Collection	جمع
Duality	دوئي
Historical	تاريخي
Humorous	مزاحيه
Inventive	ايجاد ڪندڙ
Literary	ادبي
Novel	ناول
Page	صفحو
Poem	نظم
Poetry	شاعري
Reader	پڙهندڙ
Relevant	لاڳاپيل
Series	سيريز
Story	ڪهاڻي
Tragic	ٽريجڪ
Written	لکيل

Boxing

باڪسنگ

Bell	بيل
Body	جسم
Chin	چن
Corner	ڪنور
Elbow	ڪنپ
Exhausted	ختم ٿيل
Fighter	جنگجو
Focus	فوڪس
Gloves	دستانو
Kick	ڪڪ
Opponent	مخالف
Recovery	بحالي
Referee	ريفري
Skill	مهارت
Strength	طاقت

Buildings

عمارتون

Apartment	اپارٽمينٽ
Barn	بارن
Cabin	ڪيبن
Castle	محل
Cinema	سئنيما
Embassy	سفارتخانو
Factory	ڪارخانو
Hospital	اسپتال
Hostel	هاسٽل
Hotel	هوٽل
Laboratory	ليبارٽري
Museum	ميوزيم
Observatory	آبزرويٽري
School	اسڪول
Stadium	اسٽيڊيم
Supermarket	سپر مارڪيٽ
Tent	خيمو
Theater	ٿيٽر
Tower	ٽاور
University	يونيورسٽي

Business

ڌنڌو

Career	ڪيريئر
Company	ڪمپني
Cost	قيمت
Currency	ڪرنسي
Discount	ڊسڪائونٽ
Economics	اقتصاديات
Employer	ملازم
Factory	ڪارخانو
Finance	فنانس
Income	آمدني
Investment	سيڙپڪاري
Manager	مئنيجر
Merchandise	واپار
Money	پئسا
Office	آفيس
Profit	منافعو
Sale	وڪرو
Shop	دڪان
Taxes	ٽيڪس
Transaction	ٽرانزيڪشن

Camping

ڪئمپنگ

Adventure	ايڊوينچر
Animals	جانور
Cabin	ڪيبن
Canoe	ڪينو
Fire	باهه
Forest	ٻيلو
Fun	مذاق
Hammock	ڪوماه
Hunting	شڪار ڪرڻ
Lake	ڍنڍ
Moon	چنڊ
Mountain	جبل
Nature	فطرت
Rope	رسي
Tent	خيمو
Trees	وڻن

Championship

چيمپئن شپ

Champion	چيمپين
Championship	چيمپيئن شپ
Coach	ڪوچ
Finalist	فائنلسٽ
Games	گيمز
Judge	جج
League	ليگ
Medal	ميڊل
Performance	ڪارڪردگي
Perspiration	پرسپريشن
Sports	راندين
Strategy	حڪمت عملي
Team	ٽيم
Tournament	ٽورنامينٽ
Victory	فتح

Chemistry

ڪيمسٽري

Atomic	ايٽمي
Carbon	ڪاربن
Catalyst	ڪيٽالسٽ
Chlorine	ڪلورين
Electron	اليڪٽرون
Elements	عنصر
Enzyme	اينزائم
Gas	گيس
Heat	گرمي
Hydrogen	هائيڊروجن
Ion	آئيون
Liquid	مائع
Metals	ڌاتو
Molecule	ماليڪيول
Nuclear	ائٽمي
Organic	نامياتي
Oxygen	آڪسيجن
Salt	سالٽ
Temperature	گرمي پد
Weight	وزن

Chess

شطرنج

Black	ڪارو
Champion	چيمپين
Contest	مقابلو
Diagonal	ڊيگونل
Game	راند
King	بادشاهه
Opponent	مخالف
Player	رانديگر
Queen	راڻي
Rules	ضابطا
Sacrifice	قرباني
Strategy	حڪمت عملي
Time	ٽائيم
Tournament	ٽورناميٽ
White	اڇو

Circus

سرڪس

Acrobat	اڪروبيٽ
Animals	جانور
Balloons	گوليون
Costume	پوشاڪ
Elephant	هاٿي
Juggler	بٻر
Lion	شعر
Magic	جادو
Monkey	بندر
Music	موسيقي
Parade	پريڊ
Show	ڏيکاريو
Tent	خيمو
Tiger	ٽائيگر
Trick	ڪرٽ

Climbing

چڙهڻ

Altitude	اونچائي
Atmosphere	فضا
Boots	بوٽس
Cave	غار
Curiosity	تجسس
Expert	ماهر
Gloves	دستانو
Guides	هدايتون
Helmet	هيلمٽ
Hiking	جابلو
Injury	زخم
Narrow	تنگ
Stability	استحڪام
Strength	طاقت
Training	ٽريننگ

Clothes

اڑپک

Belt	بيلٹ
Blouse	بلاؤز
Bracelet	کنگڑ
Coat	کوٹ
Dress	لباس
Fashion	فيشن
Gloves	دستانو
Jacket	جيکٹ
Jeans	جينس
Jewelry	زيور
Necklace	ہار
Pajamas	پاجاماس
Pants	پتلون
Sandals	سينڈل
Scarf	سکارف
Shirt	شرٹ
Shoe	جوتا
Sweater	سوئيٹر

Colors

گنر

Beige	بيج
Black	وراک
Blue	نيرو
Brown	ناسي
Cyan	سيان
Fuchsia	فوچيا
Green	سائو
Grey	پورو
Magenta	ماجنٹا
Orange	نارنگي
Pink	گلابي
Purple	واگڻائي
Red	وهڙاڳ
Sepia	سيپيا
Violet	وايوليٹ
White	اڇو
Yellow	پيلو

Countries #1

1# ملک

Brazil	برازيل
Canada	کينيڈا
Egypt	مصر
Finland	فنلينڈ
Germany	جرمني
Iraq	عراق
Israel	اسرائيل
Italy	اٹلي
Latvia	لاتويا
Libya	ليبيا
Morocco	مراکش
Nicaragua	نکاراگوا
Norway	ناروي
Panama	پاناما
Poland	پولينڊ
Romania	رومانيا
Senegal	سينيگال
Spain	اسپين
Venezuela	وينزيلا
Vietnam	ويتنام

Countries #2

ملک #2

Albania	البانيا
Denmark	ڈينمارک
Ethiopia	ايٹوپيا
Greece	گريسي
Haiti	هيٹي
Jamaica	جاميکا
Japan	جاپان
Laos	لاس
Lebanon	لبنان
Liberia	لابيريا
Mexico	ميکسيکو
Nepal	نيپال
Nigeria	نائجيريا
Pakistan	پاکستان
Russia	روس
Somalia	سوماليه
Sudan	سوڈان
Syria	شام
Uganda	يوگنڈا
Ukraine	يوکرائين

Creativity

تخليقيت

Artistic	آرٹسٹک
Authenticity	صداقت
Clarity	وضاحت
Dramatic	ڈراميٹک
Emotions	جذبات
Expression	اظہار
Ideas	آئيڈياز
Imagination	تخيل
Inspiration	انسپائريشن
Intensity	شدت
Inventive	ايجاد کنڈژ
Sensation	احساس
Skill	مہارت
Visions	نظارا
Vitality	حياتياتي

Dance

ناچ

Academy	اکيڈمي
Art	آرٹ
Body	جسم
Choreography	کوريوگرافي
Classical	کلاسيکل
Cultural	ثقافتي
Culture	ثقافت
Emotion	جذبو
Expressive	ظاہر کنڈژ
Grace	فضل
Movement	تحريک
Music	موسيقي
Partner	پارٹنر
Rhythm	تال
Traditional	روايتي
Visual	بصري

Days and Months

ڏينهن ۽ مهينا

April	اپريل
August	آگسٽ
Calendar	ڪئلينڊر
February	فيبروري
Friday	جمع
January	جنوري
July	جولاءِ
March	مارچ
Monday	سومر
Month	مهينو
November	نومبر
October	آڪٽوبر
Saturday	ڇنڇر
September	سيپٽمبر
Sunday	آچر
Thursday	خميس
Tuesday	اڱارو
Wednesday	اربع
Week	هفتو
Year	سال

Diplomacy

ڊپلوميسي

Adviser	صلاحڪار
Ambassador	سفير
Citizens	شهرين
Community	ڪميونٽي
Conflict	تڪرار
Cooperation	تعاون
Diplomatic	سفارتي
Discussion	بحث
Embassy	سفارتخانو
Ethics	اخلاقيات
Foreign	پرڏيهي
Government	حڪومت
Humanitarian	انسانيت پسند
Integrity	سالميت
Justice	انصاف
Politics	سياست
Resolution	قرارداد
Security	سيڪيورٽي
Solution	حل
Treaty	معاهدو

Driving

ڊرائيونگ

Accident	حادثو
Brakes	برڪس
Car	ڪار
Danger	خطرو
Driver	ڊرائيور
Fuel	تيل
Garage	گيراج
Gas	گيس
License	لائسنس
Motor	موٽر
Motorcycle	موٽرسائيڪل
Pedestrian	پيادل
Police	پوليس
Road	روڊ
Safety	حفاظت
Speed	رفتار
Street	اسٽريٽ
Traffic	ٽريفڪ
Truck	ٽرڪ
Tunnel	سرنگ

Ecology

ماحوليات

Climate	موسم
Communities	کميونٹيز
Diversity	تنوع
Drought	خشکي
Flora	فلورا
Habitat	عادت
Marine	مارين
Marsh	مارش
Natural	قدرتي
Nature	فطرت
Plants	پوٹا
Resources	وسيال
Survival	بقا
Vegetation	پوٹي
Volunteers	رضاکار

Energy

توانائي

Battery	بيٹري
Carbon	کاربن
Diesel	ڈيزل
Electric	اليکٹرک
Electron	اليکٹرون
Engine	انجن
Entropy	اينٹراپي
Environment	ماحول
Fuel	تيل
Gasoline	گيسولين
Heat	گرمي
Hydrogen	هائيڈروجن
Industry	صنعت
Motor	موٹر
Nuclear	ائٹمي
Photon	فوٹون
Pollution	آلودگي
Renewable	قابل تجديد
Turbine	تربائن
Wind	ونڈ

Engineering

انجنيئرنگ

Angle	کنڈ
Calculation	حساب کتاب
Construction	تعمير
Depth	ڈيپٹ
Diagram	ڈاگرام
Diameter	قطر
Diesel	ڈيزل
Distribution	تقسيم
Energy	توانائي
Engine	انجن
Levers	ليور
Liquid	مائع
Machine	مشين
Measurement	ماپ
Motor	موٹر
Stability	استحکام
Strength	طاقت
Structure	ساخت

Ethics

اخلاقيات

Compassion	شفقت
Cooperation	تعاون
Dignity	عزت
Diplomatic	سفارتي
Honesty	ايمانداري
Humanity	انسانيت
Individualism	انفراديت
Integrity	سالميت
Kindness	مهرباني
Patience	صبر
Philosophy	فلسفو
Rationality	عقليت
Realism	حقيقت پسندي
Reasonable	معقول
Tolerance	رواداري
Wisdom	عقل

Family

خانداني

Aunt	چاچي
Brother	ڀاء
Child	ٻار
Childhood	ٻاراڻو
Cousin	سوٽ
Daughter	ڌيء
Father	پيء
Grandchild	پوٽا
Grandfather	ڏاڏو
Grandmother	ڏاڏي
Grandson	پوٽو
Husband	مڙس
Maternal	مادري
Mother	ماء
Nephew	ڀائٽيو
Niece	سين
Paternal	پيءُ
Sister	ڀيڻ
Uncle	چاچو
Wife	زال

Farm #1

فارم نمبر 1

Agriculture	زراعت
Bee	بي اي
Bison	بيسن
Chicken	ڪڪڙ
Cow	ڳئون
Crow	ڪانو
Donkey	گدائي
Fence	باهه
Fertilizer	ڀاڻ
Field	فيلڊ
Flock	جهنڊو
Hay	هاءِ
Honey	ماکي
Horse	گهوڙو
Land	زمين
Pig	گپ
Seeds	ٻج
Shovels	شاول
Water	پاڻي

Farm #2

فارم نمبر 2

Animals	جانور
Barley	بارلي
Barn	بارن
Corn	کارن
Duck	بُطخ
Farmer	فارمر
Food	کاذو
Fruit	ميوو
Irrigation	آبپاشي
Llama	لاما
Meadow	ميڊو
Milk	ملھھ
Orchard	باغ
Sheep	رڍون
Tractor	ٽريڪٽر
Vegetable	ڀاڄي
Wheat	ڪڻڪ

Flowers

گل

Bouquet	گلدستو
Clover	ڪلور
Daisy	ڊيسي
Dandelion	ڊنڊيليون
Gardenia	گارڊينيا
Hibiscus	هبيسڪس
Jasmine	جيسمين
Lavender	لاويندر
Lily	للي
Magnolia	ميگنوليا
Orchid	آرڪيڊ
Peony	پيون
Petal	پتل
Plumeria	پلميريا
Poppy	پوپٽي
Sunflower	سورج مکي

Food #1

کاذو نمبر 1

Barley	بارلي
Basil	بيسل
Cake	ڪيڪ
Carrot	گاجر
Cinnamon	دار چینی
Garlic	ٿوم
Juice	جوس
Lemon	ليمون
Milk	ملھھ
Onion	پيالو
Peanut	مونگ
Pear	پيئر
Salad	سلاد
Salt	سالٽ
Soup	سوپ
Spinach	اسپينچ
Strawberry	اسٽرابيري
Sugar	شگر
Tuna	ٽونا
Turnip	ٽرپ

Food #2

کاڌو نمبر 2

Apple	ايپل
Artichoke	آرٽچوڪ
Asparagus	اسپاراگس
Banana	بنانا
Bread	ماني
Broccoli	بروڪولي
Celery	سيلري
Cheese	چيز
Cherry	چيري
Chicken	ڪڪڙ
Chocolate	چاڪليٽ
Egg	اي جي جي
Eggplant	بيگن
Fish	مڇي
Grape	انگور
Ham	هيم
Mushroom	مشروم
Tomato	ٽماٽو
Wheat	ڪڻڪ
Yogurt	ڏهی

Fruit

ميوو

Apple	ايپل
Banana	بنانا
Berry	بيري
Cantaloupe	ڪينٽالوپ
Cherry	چيري
Coconut	ناريل
Fig	انجير
Grape	انگور
Guava	گووا
Lemon	ليمون
Lychee	ليچي
Mango	منگو
Melon	ميلون
Nectarine	نيڪارائن
Orange	نارنگي
Papaya	پپايا
Peach	آڙو
Pear	پيئر
Pineapple	اناناس
Raspberry	راسبيري

Geography

جاگرافي

Altitude	اونچائي
City	شهر
Continent	ڪنٽيننٽ
Country	ملڪ
Elevation	بلندي
Globe	گلوب
Hemisphere	اڌ گول
Island	ٻيٽ
Meridian	ميريڊين
Mountain	جبل
North	اتر
Region	ريجن
River	درياهه
South	ڏکڻ
Territory	علائقو
Tropics	ٽرپڪس
West	اولهه
World	دنيا

Geology

ارضيات

Calcium	ڪلسيم
Cavern	غار
Continent	ڪنٽيننٽ
Coral	ڪورل
Crystals	ڪرسٽل
Cycles	سائيڪلون
Earthquake	زلزلو
Geyser	گيسر
Lava	لاوا
Layer	پرت
Minerals	معدنيات
Quartz	ڪوارٽز
Salt	سالٽ
Stalagmites	اسٽالگمائيٽس
Stone	پٿر
Volcano	آتش فشان
Zone	زون

Geometry

جاميٽري

Angle	ڪنڊ
Calculation	حساب ڪتاب
Circle	دائرو
Curve	وڪر
Diameter	قطر
Height	اونچائي
Horizontal	افقي
Logic	منطق
Mass	ماس
Median	ميڊين
Parallel	متوازي
Proportion	تناسب
Segment	سيگمينٽ
Square	اسڪوائر
Surface	مٿاڇري
Symmetry	سميٽري
Theory	نظريو
Triangle	مثلث
Vertical	عمودي

Government

حڪومت

Citizenship	شهريت
Civil	سول
Constitution	آئين
Democracy	جمهوريت
Discussion	بحث
Equality	برابري
Judicial	عدالتي
Justice	انصاف
Law	قانون
Liberty	آزادي
Monument	يادگار
Nation	قوم
Peaceful	پرامن
Politics	سياست
Speech	تقرير
State	رياست

Hair Types

وارن جا قسم

Bald	بالڊ
Black	ڪارو
Blond	سونهري
Brown	ناسي
Colored	رنگيل
Dry	خشڪ
Gray	پورو
Healthy	صحتمند
Long	ڊگهو
Shiny	چمڪندڙ
Short	ننڍو
Soft	نرم
Thick	ٿلهو
Thin	پتلي
Wavy	واوي
White	اڇو

Health and Wellness #1

صحت ۽ تندرستي #1

Active	سرگرم
Bacteria	بيڪٽيريا
Bones	هڏا
Clinic	ڪلينڪ
Doctor	ڊاڪٽر
Fracture	پچٽ
Habit	عادت
Height	اوچائي
Hormones	هارمونز
Hunger	بُک
Injury	زخم
Medicine	دوا
Muscles	عضلات
Nerves	اعصاب
Pharmacy	فارميسي
Reflex	ريفليڪس
Skin	چمڙي
Treatment	علاج
Virus	وائرس

Health and Wellness #2

صحت ۽ تندرستي #2

Allergy	الرجي
Anatomy	اناتومي
Appetite	خواهش
Blood	رت
Calorie	ڪيلوري
Dehydration	ڊيهائيڊريشن
Disease	مرض
Energy	توانائي
Genetics	جينياتي
Healthy	صحتمند
Hospital	اسپتال
Hygiene	صفائي
Infection	انفيڪشن
Massage	مالش
Mood	موڊ
Nutrition	غذائيت
Recovery	بحالي
Stress	دباءُ
Vitamin	وٽامن
Weight	وزن

Herbalism

ہربلزم

Aromatic	خوشبودار
Basil	بيسل
Beneficial	فائديمند
Fennel	فنونس
Flavor	ذائقو
Flower	گل
Garden	باغ
Garlic	ٹوم
Green	سائو
Ingredient	اجزاء
Lavender	لاوينڈر
Marjoram	مارجورام
Mint	منٹ
Oregano	اوريگانو
Parsley	پارسلي
Plant	پوٹو
Quality	معيار
Rosemary	روزميري
Saffron	زعفران
Tarragon	تاراگون

Hiking

جابلو

Animals	جانور
Boots	بوٹس
Camping	کيمپنگ
Cliff	کلف
Climate	موسم
Guides	نوتيدھ
Heavy	گرو
Mountain	لبج
Nature	فطرت
Orientation	اورينٹيشن
Parks	پارکس
Preparation	تياري
Stones	رٹپ
Sun	سج
Tired	ٹکل
Water	پاٹي
Wild	واىلڈ

House

گہر

Basement	ٹنيمسيب
Broom	بروم
Chimney	چمني
Curtains	پردا
Door	درواوز
Fence	ہہاب
Floor	فرش
Furniture	فرنيچر
Garage	گيراج
Garden	باغ
Keys	کي
Kitchen	باورچي خانہ
Library	لائبريري
Mirror	آئينو
Roof	چت
Room	کمرو
Shelves	شيلفس
Shower	شاور
Wall	لاو
Window	وٹدنو

Human Body

انساني جسم

Ankle	پٹي
Blood	رت
Bones	هڈا
Brain	دماغ
Chin	چن
Ear	کن
Elbow	کنپ
Face	منهن
Finger	آگر
Hand	هٹ
Head	هيد
Heart	دل
Leg	ٹنگ
Lips	لپس
Mouth	ماٹ
Neck	گردن
Nose	نک
Shoulder	کنڌ
Skin	چمڙي
Stomach	پيٹ

Jazz

جاز

Album	البم
Artist	آرٹسٹ
Composer	کمپوزر
Concert	کنسرٹ
Drums	درم
Famous	مشهور
Favorites	پسنديده
Improvisation	وراڈس
Music	موسيقي
New	نئون
Old	پراٹي
Orchestra	آرکيسٹرا
Rhythm	تال
Song	گيت
Style	انداز
Talent	ٹيلنٹ
Technique	ٹيکنيک

Kitchen

باورچی خانه

Bowl	پلي
Chopsticks	چوپسٹک
Food	کاڌو
Forks	فورکس
Freezer	فريزر
Grill	گريل
Jar	جهر
Jug	جهنگ
Kettle	کيٹل
Knives	چاقو
Napkin	نيپکن
Oven	تندور
Refrigerator	ريفريجيريٹر
Spices	مصالحو
Sponge	اسپنج
Spoons	چمچا

Landscapes

منظرنامو

Beach	بيچ
Cave	غار
Cliff	فلک
Cove	کوهه
Desert	ريگستان
Estuary	ايسټواري
Geyser	گيسر
Glacier	گليشيئر
Gulf	گلف
Hill	ليه
Iceberg	آئس برگ
Island	ټيپ
Lake	ډنډ
Mountain	جبل
Peninsula	پيننسوال
River	درياهه
Tundra	ټنډرا
Valley	وادي
Volcano	آتش فشان
Waterfall	آبشار

Literature

ادب

Analogy	گالاناي
Analysis	تجزيو
Author	ليکک
Conclusion	نتيجو
Description	وضاحت
Fiction	افسانو
Novel	ناول
Opinion	راءِ
Poem	نظم
Poetic	شاعرانه
Rhyme	رمز
Rhythm	تال
Style	انداز
Theme	موضوع
Tragedy	ټريجڊي

Mammals

ممارن

Bear	بيئر
Beaver	بيور
Bull	بلپ
Camel	اُٺ
Cheetah	چيتا
Dolphin	ڊولفن
Donkey	گڏائي
Elephant	هاٿي
Giraffe	جراف
Gorilla	گوريلا
Horse	گهوڙو
Kangaroo	کنگرو
Lion	شعر
Monkey	بندر
Panther	پينٿر
Rabbit	خرگوش
Sheep	ڊرون
Whale	وهيل
Wolf	فلو
Zebra	زيبرا

Math

رياضي

Angles	اينجلس
Arithmetic	رياضي
Circumference	چڪر
Decimal	ڊيسيمل
Diameter	قطر
Geometry	جاميٽري
Parallel	متوازي
Parallelogram	پارليلوگرام
Perimeter	پريميٽر
Polygon	پولي گون
Rectangle	مستطيل
Square	اسڪوائر
Symmetry	سميٽري
Triangle	مثلث
Volume	حجم

Measurements

ماپون

Centimeter	سينٽيٽر
Decimal	ڊيسيمل
Degree	ڊگري
Depth	ڊيپٿ
Gram	گرام
Height	اونچائي
Inch	انچ
Kilogram	ڪلوگرام
Kilometer	ڪلو ميٽر
Liter	ليٽر
Mass	ماس
Meter	ميٽر
Minute	منٽ
Ounce	اونس
Ton	ٽون
Volume	حجم
Weight	وزن

Meditation

مراقبو

Acceptance	قبوليت
Awake	بيدار
Calm	سڪون
Clarity	وضاحت
Compassion	شفقت
Emotions	جذبات
Gratitude	شڪرگذار
Habits	عادتون
Kindness	مهرباني
Mental	ذهني
Mind	دماغ
Movement	تحريڪ
Music	موسيقي
Nature	فطرت
Peace	امن
Perspective	نظريو
Silence	خاموشي
Thoughts	سوچون

Music

موسيقي

Album	البم
Ballad	بالاد
Chorus	سروڪ
Classical	ڪلاسيڪل
Eclectic	ايليڪٽرڪ
Harmonic	هارمونڪ
Harmony	هارموني
Lyrical	شعر
Melody	ميلوڊي
Microphone	مائڪروفون
Musical	موسيقي
Musician	موسيقار
Opera	اوپيرا
Poetic	شاعرانه
Recording	رڪارڊنگ
Rhythm	تال
Rhythmic	رڌمڪ
Sing	ڳائڻ
Singer	سنگر
Vocal	آواز

Musical Instruments

موسيقي جا اوزار

Banjo	بنجو
Bassoon	باسون
Clarinet	ڪلارينٽ
Drum	ڊرم
Flute	بانسري
Gong	گونگ
Guitar	گٽار
Harp	هارپ
Mandolin	مينڊولن
Marimba	ماريبا
Percussion	پرڪو
Piano	پيانو
Saxophone	ساڪس فون
Tambourine	تامبورين
Trombone	ٽرمبون
Trumpet	ٽرمپٽ
Violin	وائلن

Mythology

ڏندڪٿائي

Archetype	آرڪي ٽائپ
Behavior	رويي
Beliefs	ايمان
Creation	تخليق
Creature	مخلوق
Culture	ثقافت
Disaster	آفت
Heaven	جنت
Hero	هيرو
Immortality	امرتا
Jealousy	حسد
Labyrinth	ليبرينٿ
Legend	ليجنڊ
Lightning	روشني
Monster	مونسٽر
Mortal	موتيل
Revenge	بدلو
Strength	طاقت
Thunder	ڪنوڻ
Warrior	جنگجو

Nature

فطرت

Animals	جانور
Arctic	آرڪٽڪ
Beauty	خوبصورتي
Clouds	بادل
Desert	ريگستان
Dynamic	متحرڪ
Foliage	ٻوٽو
Forest	ٻيلو
Glacier	گليشيئر
Peaceful	پرامن
River	درياهه
Serene	سرين
Tropical	ٽراپيڪل
Vital	اهم
Wild	وائلڊ

Numbers

نمبر

Decimal	ڊيسيمل
Eight	اٺ
Eighteen	ارڙهن
Fifteen	پندرهن
Five	پنج
Four	چار
Fourteen	چوڏهن
Nine	نو
Nineteen	اڻويهه
One	هڪ
Seven	ست
Seventeen	سترهن
Six	ڇهه
Sixteen	سورهن
Ten	ڏهه
Thirteen	تيرهن
Three	ٽي
Twelve	ٻارهن
Twenty	ويهه
Two	ٻه

Nutrition

غذائيت

Appetite	خواهش
Balanced	متوازن
Bitter	ڪڙو
Calories	ڪيلوريون
Carbohydrates	ڪاربوهائيڊريٽ
Digestion	هضم
Edible	کائڻ لائق
Fermentation	فرمينٽيشن
Flavor	ذائقو
Habits	عادتون
Health	صحت
Healthy	صحتمند
Liquids	مائع
Nutrient	غذائيت
Proteins	پروٽين
Quality	معيار
Sauce	ساس
Toxin	ٽوڪسن
Vitamin	وٽامن
Weight	وزن

Ocean

ساگر

Boat	ٻيڙي
Coral	ڪورل
Dolphin	ڊولفن
Eel	اي ايل
Fish	مڇي
Jellyfish	جيل مڇي
Octopus	آڪٽوپس
Oyster	اويسٽر
Reef	ريف
Salt	سالٽ
Shark	شارڪ
Sponge	اسپنج
Storm	طوفان
Tides	ٽائيڊس
Tuna	ٽونا
Turtle	ڪمي
Waves	موج
Whale	وهيل

Philanthropy

انسان دوستي

Children	ٻار
Community	ڪميونٽي
Contacts	رابطا
Finance	فنانس
Funds	فنڊز
Generosity	سخاوت
Goals	گولز
Groups	گروپس
History	تاريخ
Honesty	ايمانداري
Humanity	انسانيت
Mission	مشن
Need	ضرورت
People	ماڻهو
Programs	پروگرام
Public	عوامي
Youth	نوجوان

Photography

فوٽوگرافي

Black	ڪارو
Camera	ڪئميرا
Color	رنگ
Contrast	ڪنٽراسٽ
Darkness	اونداهه
Definition	تعريف
Format	فارميٽ
Frame	فريم
Lighting	روشني
Object	اعتراض
Perspective	نظريو
Portrait	پورٽريٽ
Shadows	ڇانو
Texture	بناوت
Visual	بصري

Physics

فزڪس

Acceleration	تيز رفتاري
Chemical	ڪيميائي
Density	ڪثافت
Electron	اليڪٽرون
Engine	انجڻ
Expansion	توسيع
Experiment	تجربو
Formula	فارمولا
Frequency	فريڪوئنسي
Gas	گيس
Laws	قانون
Magnetism	مقناطيس
Mass	ماس
Mechanics	مشيني
Molecule	ماليڪيول
Nuclear	ائٽمي
Particle	ذرو
Relativity	لاڳاپو
Universal	يونيورسل
Velocity	رفتار

Plants

ٻوٽا

Bamboo	بانس
Bean	بين
Berry	بيري
Botany	بوٽني
Bush	بش
Cactus	ڪيڪٽس
Fertilizer	ڀاڻ
Flora	فلورا
Flower	گل
Foliage	پوٽو
Forest	ٻيلو
Garden	باغ
Grass	گاهه
Grow	وڌو
Moss	ماس
Petal	پتل
Root	روٽ
Stem	اسٽيم
Tree	وڻ
Vegetation	ٻوٽي

Professions #1

پيشو نمبر 1

Ambassador	سفير
Artist	آرٽسٽ
Athlete	ايٿليٽ
Attorney	وڪيل
Banker	بئنڪر
Cartographer	ڪارٽوگرافر
Coach	ڪوچ
Dancer	ڊانسر
Doctor	ڊاڪٽر
Editor	ايڊيٽر
Firefighter	فائر فائٽر
Geologist	جيولوجسٽ
Hunter	شڪاري
Jeweler	زيور
Musician	موسيقار
Nurse	نرس
Pharmacist	فارماسسٽ
Plumber	پلمبر
Sailor	ملاح
Scientist	سائنسدان

Professions #2

پيشو نمبر 2

Biologist	بايولوجسٽ
Chemist	ڪيمسٽ
Dentist	ڏندن جو ڊاڪٽر
Detective	جاسوس
Engineer	انجنيئر
Farmer	فارمر
Gardener	باغي
Inventor	موجد
Journalist	صحافي
Librarian	لائبريرين
Linguist	لسانيات
Painter	پينٽر
Philosopher	فلسفي
Photographer	فوٽوگرافر
Physician	طبيب
Pilot	پائلٽ
Researcher	محقق
Surgeon	سرجن
Teacher	استاد
Zoologist	زوولوجسٽ

Psychology

نفسيات

Assessment	تشخيص
Behavior	رويي
Childhood	ٻاراڻو
Clinical	ڪلينيڪل
Cognition	معرفت
Conflict	تڪرار
Dreams	خواب
Emotions	جذبات
Ideas	آئيڊياز
Perception	تصور
Personality	شخصيت
Problem	مسئلو
Reality	حقيقت
Sensation	احساس
Subconscious	شعوري
Therapy	علاج
Thoughts	سوچون
Unconscious	بي شعور

Rainforest

برساتي ٻيلو

Amphibians	ايمفيبينز
Birds	پکي
Botanical	بوٽنيڪل
Climate	موسم
Clouds	بادل
Community	ڪميونٽي
Diversity	تنوع
Indigenous	انديشي
Mammals	ماملس
Moss	ماس
Nature	فطرت
Preservation	بچاءُ
Refuge	پناهه
Respect	احترام
Restoration	بحالي
Survival	بقا
Valuable	قابل قدر

Restaurant #1

ريسٽورنٽ نمبر 1

Allergy	الرجي
Bowl	ٻلي
Bread	ماني
Chicken	ڪڪڙ
Coffee	ڪافي
Food	کاڌو
Kitchen	باورچی خانه
Knife	چاقو
Meat	گوشت
Menu	مينيو
Napkin	نيپڪن
Reservation	رزرويشن
Sauce	ساس
Spicy	اسپيسي
Waitress	ويٽريس

Restaurant #2

ريسٽورنٽ نمبر 2

Cake	ڪيڪ
Chair	ڪرسي
Delicious	مزيدار
Fish	مڇي
Fork	ڪروف
Fruit	ميوو
Lunch	لنچ
Noodles	نوڊلز
Salad	سلاد
Salt	سالٽ
Soup	سوپ
Spices	مصالحو
Spoon	چمچو
Vegetables	ڀاڄيون
Waiter	ويٽر
Water	پاڻي

Science

سائنس

Chemical	ڪيميائي
Climate	موسم
Data	ڊيٽا
Evolution	ارتقا
Experiment	تجربو
Fact	حقيقت
Hypothesis	هائيپوٿيسس
Laboratory	ليبارٽري
Method	طريقو
Minerals	معدنيات
Molecules	مولڪيولس
Nature	فطرت
Particles	ذرڙا
Physics	فزڪس
Plants	ٻوٽا
Scientist	سائنسدان

Science Fiction

سائينسي فسانو

Atomic	ايٽمي
Books	ڪتاب
Chemicals	ڪيميڪل
Cinema	سئنيما
Dystopia	ڊيسٽوپيا
Explosion	ڌماڪو
Extreme	انتهائي
Fantastic	شاندار
Fire	باهه
Futuristic	مستقبل جي
Galaxy	گليڪسي
Imaginary	خيالي
Mysterious	پراسرار
Planet	سيارو
Robots	روبوٽ
Technology	ٽيڪنالاجي
Utopia	يوٽوپيا
World	دنيا

Scientific Disciplines

سائنسي مضمون

Anatomy	اناتومي
Archaeology	آرڪيالوجي
Astronomy	فلڪيات
Biology	حياتيات
Botany	بوٽني
Chemistry	ڪيمسٽري
Ecology	ماحوليات
Geology	جيولوجي
Immunology	امونالوجي
Linguistics	لسانيات
Mechanics	مشيني
Meteorology	موسمياتي
Mineralogy	معدنيات
Neurology	نيورولوجي
Nutrition	غذائيت
Physiology	فزيالوجي
Psychology	نفسيات
Robotics	روبوٽڪس
Sociology	سماجيات
Zoology	زوولوجي

Shapes

شڪليون

Arc	آر سي
Circle	دائرو
Cone	ڪون
Corner	ڪنور
Cube	ڪيوبي
Curve	وڪر
Cylinder	سلنڈر
Edges	ايجز
Hyperbola	هائيپربولا
Line	لائين
Oval	اوول
Polygon	پولي گون
Pyramid	پرامڊ
Rectangle	مستطيل
Side	پاسي
Square	اسڪوائر
Triangle	مثلث

Spices

مصالحو

Anise	انيس
Bitter	وڙو
Cardamom	الائچي
Cinnamon	دار چينی
Clove	لونگ
Coriander	ڪوريندر
Cumin	ڪمين
Curry	ڪيري
Fennel	سونف
Fenugreek	فينوگريڪ
Flavor	ذائقو
Garlic	ٿوم
Ginger	ڪردا
Licorice	لائيڪورس
Onion	پيالو
Paprika	پيپريڪا
Saffron	زعفران
Salt	سالٽ
Sweet	مٺو
Vanilla	وينيلا

Sport

راند

Athlete	ايٿليٽ
Body	جسم
Bones	هڏا
Cardiovascular	قلبي
Coach	ڇوڪ
Cycling	سائيڪل هلائڻ
Dancing	ڊانسنگ
Health	صحت
Jogging	جاگنگ
Maximize	وڌ ۾ وڌ
Metabolic	ميٽابولڪ
Muscles	عضلات
Nutrition	غذائيت
Program	پروگرام
Sports	رانديون
Strength	طاقت

Sports

رانديون

Athlete	ايٿليٽ
Baseball	بيس بال
Basketball	باسڪيٽ بال
Bicycle	سائيڪل
Championship	چيمپئن شپ
Coach	ڇوڪ
Game	راند
Golf	گولف
Gymnasium	جمنازيم
Gymnastics	جمناسٽڪ
Hockey	هاڪي
Movement	تحريڪ
Player	رانديگر
Referee	ريفري
Stadium	اسٽيڊيم
Team	ٽيم
Tennis	ٽينس
Winner	فاتح

Technology

ٽيڪنالاجي

Blog	بلاگ
Browser	برائوزر
Camera	ڪئميرا
Computer	ڪمپيوٽر
Cursor	ڪرسر
Data	ڊيٽا
Digital	ڊجيٽل
File	فائل
Internet	انٽرنيٽ
Message	پيغام
Screen	اسڪرين
Security	سيڪيورٽي
Software	سافٽ ويئر
Statistics	شماريات
Virtual	ورچوئل
Virus	وائرس

The Company

ڪمپني

Business	ڌنڌو
Creative	تخليقي
Decision	فيصلو
Employment	روزگار
Industry	صنعت
Innovative	نوڙت وارو
Investment	سيڙپڪاري
Possibility	امڪان
Presentation	پيشڪش
Product	پيداوار
Progress	ترقي
Quality	معيار
Reputation	شهرت
Resources	وسيلا
Revenue	آمدني
Risks	خطرا
Units	يونٽس

The Media

ميڊيا

Commercial	ڪمرشل
Communication	ڪميونيڪيشن
Digital	ڊجيٽل
Edition	ايڊيشن
Education	تعليم
Facts	حقيقتون
Funding	فنڊنگ
Industry	صنعت
Intellectual	عقلمند
Local	مقامي
Network	نيٽ ورڪ
Newspapers	اخبارون
Online	آن لائن
Opinion	راءِ
Public	عوامي
Radio	ريڊيو

Time

وقت

Annual	ساليانو
Before	اګ
Calendar	کئلينډر
Century	صدي
Clock	ګهړي
Day	ډينهن
Early	ارلي
Future	مستقبل
Hour	کالک
Minute	منټ
Month	مهينو
Morning	صبح
Night	رات
Noon	نون
Now	هاڼ
Soon	جلد
Today	اج
Week	هفتو
Year	سال
Yesterday	کالهه

Tools

اوزار

Axe	ايکس
Cable	کيبل
Glue	ګلو
Hammer	هيمر
Knife	چاقو
Ladder	ډاکټ
Mallet	ماللیټ
Pliers	پليئرس
Razor	ريزر
Rope	رسي
Screw	اسکرو
Shovel	شاول
Stapler	اسټاپلر
Torch	مشعل
Wheel	چيلهه

Town

شهر

Airport	ايئرپورټ
Bakery	بيکري
Bank	بئنک
Bookstore	بک اسټور
Cinema	سئنيما
Clinic	کلينک
Florist	فلورسټ
Gallery	ګيلري
Hotel	هوټل
Library	لائبريري
Market	مارکيټ
Museum	ميوزيم
Pharmacy	فارميسي
School	اسکول
Stadium	اسټيډيم
Store	اسټور
Supermarket	سپر مارکيټ
Theater	ټيټر
University	يونيورسټي
Zoo	زو

Vacation #2

موڪلن نمبر 2

Airport	ايئرپورٽ
Beach	بيچ
Camping	ڪيمپنگ
Destination	منزل
Foreigner	پرڏيهي
Hotel	هوٽل
Island	ٻيٽ
Journey	سفر
Leisure	فرصت
Passport	پاسپورٽ
Taxi	ٽئڪسي
Tent	خيمو
Train	ٽرين
Transportation	ٽرانسپورٽ
Visa	ويزا

Vegetables

ڀاڄيون

Artichoke	آرٽچوڪ
Broccoli	بروڪولي
Carrot	گاجر
Cauliflower	گوبگي
Celery	سيلري
Cucumber	ڪڪڙ
Eggplant	بيگن
Garlic	ٿوم
Ginger	ادرڪ
Mushroom	مشروم
Onion	پيالو
Parsley	پارسلي
Pea	پي اي
Pumpkin	ودڪ
Radish	راديش
Salad	دالس
Shallot	شالوٽ
Spinach	اسپينچ
Tomato	ٽماٽو
Turnip	ٽرپ

Vehicles

گاڏيون

Airplane	هوائي جهاز
Ambulance	ايمبولينس
Bicycle	سائيڪل
Boat	ٻيڙي
Bus	بس
Car	ڪار
Caravan	قافلو
Engine	انجڻ
Ferry	فيري
Helicopter	هيلي ڪاپٽر
Motor	موٽر
Rocket	راڪيٽ
Scooter	اسڪوٽر
Shuttle	شٽل
Submarine	آبدوز
Subway	سب وي
Taxi	ٽئڪسي
Tires	ٽائر
Tractor	ٽريڪٽر
Truck	ٽرڪ

Weather

موسم

Atmosphere	فضا
Breeze	ہوا
Calm	سکون
Climate	موسم
Cloud	بادل
Drought	خشکي
Dry	خشک
Flood	ڈوب
Lightning	روشني
Monsoon	مون سون
Polar	پولار
Rainbow	ونبير
Storm	طوفان
Temperature	پ گرمي د
Thunder	کنوٹ
Tornado	ٹورنيڈو
Tropical	ٹراپيکل
Wind	ونڈ

Congratulations

You made it!

We hope you enjoyed this book as much as we enjoyed making it. We do our best to make high quality games.
These puzzles are designed in a clever way for you to learn actively while having fun!

Did you love them?

A Simple Request

Our books exist thanks your reviews. Could you help us by leaving one now?

Here is a short link which will take you to your order review page:

BestBooksActivity.com/Review50

MONSTER CHALLENGE!

Challenge #1

Ready for Your Bonus Game? We use them all the time but they are not so easy to find. Here are **Synonyms**!

Note 5 words you discovered in each of the Puzzles noted below (#21, #36, #76) and try to find 2 synonyms for each word.

Note 5 Words from *Puzzle 21*

Words	Synonym 1	Synonym 2

Note 5 Words from *Puzzle 36*

Words	Synonym 1	Synonym 2

Note 5 Words from *Puzzle 76*

Words	Synonym 1	Synonym 2

Challenge #2

Now that you are warmed-up, note 5 words you discovered in each Puzzle noted below (#9, #17, #25) and try to find 2 antonyms for each word. How many lines can you do in 20 minutes?

Note 5 Words from **Puzzle 9**

Words	Antonym 1	Antonym 2

Note 5 Words from **Puzzle 17**

Words	Antonym 1	Antonym 2

Note 5 Words from **Puzzle 25**

Words	Antonym 1	Antonym 2

Challenge #3

Wonderful, this monster challenge is nothing to you!

Ready for the last one? Choose your 10 favorite words discovered in any of the Puzzles and note them below.

1.	6.
2.	7.
3.	8.
4.	9.
5.	10.

Now, using these words and within a maximum of six sentences, your challenge is to compose a text about a person, animal or place that you love!

Tip: You can use the last blank page of this book as a draft!

Your Writing:

Explore a Unique Store
Set Up **FOR YOU!**

MEGA DEALS

BestActivityBooks.com/**TheStore**

Designed for Entertainment!

Light Up Your Brain With Unique **Gift Ideas**.

Access **Surprising** And **Essential Supplies!**

CHECK OUT OUR MONTHLY SELECTION NOW!

- Expertly Crafted Products -

NOTEBOOK:

SEE YOU SOON!

Linguas Classics Team

BESTACTIVITYBOOKS.COM/FREEGAMES